Die realsozialistischen Länder, die in der Umweltkrise noch näher am Abgrund stehen als die marktwirtschaftlich organisierten, haben diesen durch ihren wirtschaftlichen Zusammenbruch noch einmal ein beträchtliches Terrain eröffnet, sich hier weiter vorzuarbeiten. Die Selbstgefälligkeit und Kurzsichtigkeit, in der diese Chance ergriffen zu werden droht, lassen mindestens noch einmal so schlimme Zerstörungen befürchten, wie sie schon der Wirtschaftsaufschwung nach dem Zweiten Weltkrieg mit sich gebracht hat. Ausgerechnet in der Umweltkrise setzt sich der marktwirtschaftliche Eigennutz nun vollends absolut, erklärt sich als die Quelle des Lebens und zersetzt dessen Grundlagen wie seine eigenen. Aufzuhalten wäre dies nur noch durch den alles weitere verweigernden Aufstand für die Natur.

*Klaus Michael Meyer-Abich*, geboren 1936, ist Professor für Naturphilosophie im Kulturwissenschaftlichen Institut des Wissenschaftszentrums Nordrhein-Westfalen in Essen und zugleich an der dortigen Universität. Er studierte Physik und Philosophie und war viele Jahre lang Mitarbeiter von Carl Friedrich von Weizsäcker. Er entwickelte das Kriterium der Sozialverträglichkeit technischer Systeme und den Gedanken des Friedens mit der Natur, war 1979–1982 Mitglied der Energie-Enquête-Kommissionen des Bundestags, 1984–1987 Wissenschaftssenator in Hamburg und erhielt 1987 den Theodor-Heuss-Preis. Seitdem arbeitet er an einer Kulturgeschichte der Natur und ist Mitglied der Klima-Enquête des Bundestags. Neuere Buchveröffentlichungen: *Wege zum Frieden mit der Natur* (1984), *Die Grenzen der Atomwirtschaft* (mit B. Schefold, 1986) und *Wissenschaft für die Zukunft* (1988).

Klaus Michael Meyer-Abich

# Aufstand für die Natur

## Von der Umwelt zur Mitwelt

Carl Hanser Verlag

ISBN – 3-446-14889-2

Umschlag: Nach einem Entwurf von Klaus Detjen
unter Verwendung eines Graffito
© Heiko Schiemann, München
Satz: FoCoTex Klaus Nowak, Berg
Druck und Bindung: Ludwig Auer GmbH, Donauwörth
Printed in Germany

Denen, die es tun

# Inhalt

# Vorwort

Mit welchem Recht wird der Aufstand im Osten als ein Erfolg der westlichen Wirtschaft gefeiert? Die Probleme hierzulande sind nach wie vor ungelöst. Wo bleibt unser Aufstand gegen eine lebenszerstörerische Wirtschaft? Er fällt uns schwerer, weil wir es damit politisch leichter hätten, nämlich nur unser eigenes Wohlstandsverhalten ändern müßten. In der Auflösung der bisherigen Konfrontation aber liegt nun die Chance, gemeinsam neue Wege zu gehen, nicht unsere alten.

Dieses Buch handelt davon, warum die Umweltzerstörung fortschreitet, obwohl die Folgen im wesentlichen bekannt sind. Die Antwort ist, daß wir nicht nur im Handeln falschen Interessen folgen, sondern falsch denken, befangen in einer unvollendeten Aufklärung. Es gilt die Vernunft vor einer unvernünftigen Rationalität zu retten. Dies geschieht durch die zusätzliche Aufklärung über die Naturzugehörigkeit des Menschen und den Sinn unseres Lebens im Ganzen der Natur. Meine These ist, daß der alte Gegensatz zwischen Natur und Kultur heute irreführend ist, weil Kultur der menschliche Beitrag zur Naturgeschichte sein soll, in Politik und Wirtschaft wie in der Kunst. Eine Welt mit Menschen kann schöner und besser sein als eine Welt ohne Menschen, wenn der Eigenwert der natürlichen Mitwelt im Ganzen der Natur geachtet wird. Die anthropozentrische Ethik muß dazu durch eine holistische überwunden werden, in der wir wissen, was wir dafür schuldig sind, daß wir von anderem Leben leben.

Der naturphilosophische Ansatz hat politische Konsequenzen. Für den einzelnen plädiere ich dafür, einer lebensbedrohenden Wirtschaft nicht zuerst die politische, sondern die wirtschaftliche Akzeptanz zu entziehen, nämlich durch den gewaltlosen Aufstand der Konsumenten, alle gemeinsam und jeder für sich. Wir werden dazu bewegt, wenn die Zerstörung der Lebensgrundlagen nicht mehr durch die Verkümmerung unserer Sinne abgeschirmt wird.

Fraglich werden dann aber auch wesentliche Elemente unserer Verfassung, sogar die bürgerliche Form des Privateigentums. Ich schlage vor, der Sozialpflichtigkeit des Eigentums in einer künftigen deutschen Verfassung die Naturpflichtigkeit an die Seite zu stellen. Die Menschheit ist keine geschlossene Gesellschaft, sondern auch die politische Vernunft ist eine Gabe der Natur. Unser Staat sollte deshalb nicht nur als ein Sozialstaat, sondern umfassender als ein Staat in der Natur oder als ein Natur-Staat verfaßt sein.

Dieses Buch hat einen Vorläufer, die *Wege zum Frieden mit der Natur*. Dem dort eingeschlagenen Weg folge ich hier weiter. Um den Frieden mit der Natur geht es mir nach wie vor, aber die Frage ist drängender geworden, was wir dafür tun können, im Denken und Handeln, individuell und politisch.

Ich bin dankbar dafür, daß das Buch im neuen Kulturwissenschaftlichen Institut des Landes Nordrhein-Westfalen entstehen konnte. Als erste Leser haben diejenigen reagiert, mit denen gemeinsam ich mich dort in der Umweltkrise um die kulturwissenschaftliche Wahrnehmung der Natur bemühe: Barbara Duden, Marianne Gronemeyer, Richard Hoppe-Sailer, Hans Werner Ingensiep, Dietrich Koch, Sibylle Schindler und Renate Schütz. Sehr hilfreiche Anregungen habe ich außerdem von Jann Meyer-Abich und Reinhard Ueberhorst empfangen. An einigen Stellen nehme ich Gedanken von Zeyde-Margreth Erdmann, Michael Müller und Ilona Zucker auf. Ihnen allen danke ich von Herzen. Das Wort hat nun der Leser.

Werden, Pfingsten 1990 — Klaus Michael Meyer-Abich

# 1
# Anders denken und anders handeln

Alle bisherigen Aktivitäten zum Schutz der Umwelt haben nichts an dem für die bisherige Umweltpolitik charakteristischen Dreisatz geändert: (1) So geht es nicht weiter. (2) Was statt dessen geschehen müßte, ist im wesentlichen bekannt. (3) Trotzdem geschieht es – im wesentlichen – nicht. Warum geschieht es nicht? Es gibt gegenläufige Interessen der Wirtschaft; daran aber kann es letztlich nicht liegen, denn die Frage ist nicht nur, wer welche Interessen hat, sondern auch, warum sie sich durchsetzen. Außerdem ist Politik sowieso nur da vonnöten, wo Einzelinteressen die der Allgemeinheit gefährden. Warum also wird die Zerrüttung der Lebensbedingungen nur hier und da etwas aufgehalten, so daß wir uns dem Abgrund zwar langsamer nähern, von einer Umkehr zum Leben aber immer noch weit entfernt sind? Meine Antwort ist: Die Lebensbedingungen werden nicht nur durch falsches Handeln zerstört, sondern die Umweltkrise liegt gleichermaßen in unserem Bewußtsein.

Der entscheidende Gedanke, mit dem die Umkehr beginnt, ist, daß andere Lebewesen nicht nur *um* uns, sondern *mit* uns in der Welt sind. Jedes Lebewesen braucht seine eigene Umwelt, seinen spezifischen Lebensraum. Eine von diesen vielen verschiedenen Umwelten ist die unsere, der menschliche Lebensraum im Ganzen der Natur. Die Industriegesellschaft hat dies so mißverstanden, als sei die ganze Welt nichts als der menschliche Lebensraum, und spricht deshalb nur von einer einzigen Umwelt, unserer Umwelt, die es zu schützen gelte. Dadurch sind wir in eine Krise geraten, die unseres Verhältnisses zur Natur.

Achten wir die anderen Umwelten nicht in ihrer Eigenständigkeit, so lassen wir andere Lebewesen ihren Lebensraum allenfalls noch in dem des Menschen finden. Wir sehen nicht ihren Eigensinn und Eigenwert im Ganzen der Natur, sondern verhalten uns so, als seien sie bloß für uns da. So mißverstanden, wird sogar der Umweltbegriff selbst irreführend: Als unsere Umwelt erscheint alle Welt nun nur noch als das, was um *uns* ist. Um diesem Irrtum, der die bisherige Umweltpolitik prägt, zu entgehen, sollten wir die übrige Welt als unsere *natürliche Mitwelt* ansehen und behandeln.

Menschlich zu sein gilt es nicht nur im Umgang mit anderen Menschen, sondern im Leben überhaupt. Wieweit wir es damit gebracht haben, sieht man am ehesten dort, wo einer Gewalt üben kann. In der Antike war der Umgang mit Sklaven ein solcher Prüfstein, wie Platon in den *Gesetzen* (777d) betonte. Wer einen anderen, der in seine Gewalt gegeben ist, unmenschlich behandelt, zeigt sich so, wie er in Wahrheit ist. Für die Industriegesellschaft ist der Umgang mit der natürlichen Mitwelt ein entsprechender Prüfstein unserer Menschlichkeit. Wir entziehen uns dieser Prüfung bisher dadurch, daß wir uns gegen das sinnliche Erleben der Zerstörung abschirmen und die mitweltliche Erfahrung dann auch gar nicht lebendig denken können. Die Umkehr beginnt deshalb mit einer Wiederbelebung der Sinne.

## Wiederbelebung der Sinne

Wie wir die natürliche Mitwelt zunächst einmal von sich her, in ihrem eigenen Lebenssinn wahrnehmen und denken sollten, können wir aus der Umweltlehre des Verhaltensforschers Jakob von Uexküll (1864–1944) lernen, der den Umweltbegriff in die Ökologie eingeführt hat. Uexkülls Ausgangspunkt war die Unterschiedlichkeit der Sinnesorgane verschiedener Lebewesen. Was ein Lebewesen wahrnimmt, hängt davon ab, mit welchen Sinnesorganen es ausgestattet ist. Auch unter Menschen leben Blinde und Taubstumme nicht ohne weiteres in derselben Welt wie andere, sondern dazu bedarf es besonderer Vermittlungen, und aus der Sicht einer Katze ist die Welt erst recht eine andere als aus der eines Menschen. Bestehen die Unterschiede nur darin, daß die einen dieses wahrnehmen und die andern jenes, Fledermäuse z.B. Ultraschall und Menschen nicht, so daß letztlich doch alles, was die verschiedenen Lebewesen wahrnehmen, zusammengenommen zu ein und derselben Welt gehört?

Wär' nicht das menschliche Auge, wie Goethe so schön sagt, »sonnenhaft, – Wie könnten wir das Licht erblicken?« (HA XIII.324). Umgekehrt aber ist die Sonne, wie wir sie sehen, auch »augenhaft« (Uexküll 1940/1956, 47), und für uns sogar noch menschenaugenhaft. Denn was ein Auge sieht, hängt nicht nur vom Gegenstand, sondern gleichermaßen von seiner eigenen Konstitution ab. Es sieht, wenn es überhaupt etwas sieht, in jedem Fall Licht und Farben, aber dazu kann es auch chemisch oder durch einen Faustschlag angeregt werden. Ein anderes Beispiel ist die Glocke: Wie sie klingt, hängt gewiß davon ab, wie sie angeschlagen wird, aber man kann keinen Klang aus ihr herausholen, der nicht in ihr liegt. Sie klingt vor allem nach sich selber, nach ihrer eigenen Beschaffenheit. Sieht vielleicht auch die Welt, in Menschenaugen anklingend, vor allem augenhaft und weniger so aus, wie sie »eigentlich« ist?

Immanuel Kant (1724–1804) hat die Raumzeitlichkeit der Dinge auf die Anschauungsformen des Menschen zurückgeführt, und Uexküll verallgemeinerte diesen Gedanken dahin, daß auch andere Lebewesen in ihrer je eigenen Welt leben. Gönnen wir also auch ihnen die Kantische Relativierung, so daß nicht nur der Mensch, sondern jedes Lebewesen die Welt *von sich her* wahrnimmt! Uexkülls berühmtestes Beispiel ist die Zecke. Sie »hängt regungslos an der Spitze eines Astes in einer Waldlichtung. Ihr ist durch ihre Lage die Möglichkeit geboten, auf ein vorbeilaufendes Säugetier zu fallen … Da nähert sich ein Säugetier, dessen Blutes sie für die Erzeugung ihrer Nachkommen bedarf.

Und nun geschieht etwas höchst Wunderbares: Von allen Wirkungen, die vom Säugetierkörper ausgehen, werden nur drei, und diese in bestimmter Reihenfolge zu Reizen. Aus der übergroßen Welt, die die Zecke umgibt, leuchten drei Reize wie Lichtsignale aus dem Dunkel hervor und dienen der Zecke als Wegweiser, die sie mit Sicherheit zum Ziele führen« (Uexküll 1934/1956, 28).

Das erste Merkmal, das die Zecke wahrnimmt, ist ein Geruch nach Buttersäure, den alle Säugetiere im Schweiß gemeinsam haben. Mehr merkt sie nicht; alle Säugetiere, in deren Vielfalt wir erst das Gemeinsame zu sehen lernen müssen, sind ihr gleich: Pferd und Esel, Mensch und Hund, Reh und Maus. Riecht sie aber Buttersäure, so merkt sie auf und läßt sich fallen. Danach kommt es auf ein zweites Merkmal an, das sie mit einem rudimentären Tastsinn erfassen kann, nämlich zu unterscheiden, ob sie auf den Haarpelz ihres Opfers oder auf den Boden gefallen ist. Hat sie das Tier nicht verfehlt, so sucht sie schließlich nach einer Stelle, an der es wärmer ist als auf dem Pelz, an der sie sich also in die bloße Haut hineinbohren und voll Blut saugen kann. Andernfalls kehrt sie auf einen Baum zurück und findet dort vermöge eines Hell-Dunkel-Sinns wieder die Spitze eines Astes.

In der Welt der Zecke gibt es also nicht viel mehr Unterschiede als Buttersäure/Nichts, Fell/Nicht-Fell, warm/kalt und hell/dunkel.

Eine Zeckenzeitung hätte nicht viel zu berichten. Noch einmal so erstaunlich ist nun, daß jene drei Merkmale des Säugetiers genau mit drei korrespondierenden Fähigkeiten der Zecke verschränkt sind, in Uexkülls Sprechweise mit drei Wirkmalen: sich fallen lassen können, krabbeln können und Blut saugen können. »Die ganze reiche, die Zecke umgebende Welt schnurrt zusammen und verwandelt sich in ein ärmliches Gebilde, das zur Hauptsache noch aus 3 Merkmalen und 3 Wirkmalen besteht – ihre Umwelt. Die Ärmlichkeit der Umwelt bedingt aber gerade die Sicherheit des Handelns, und Sicherheit ist wichtiger als Reichtum« (a.a.O. 29).

Leben nun etwa Menschen und Zecken in derselben Welt? Der unmittelbarste Befund ist, daß verschiedene Lebewesen in ganz verschiedenen Welten leben. Erstaunlicherweise können wir uns durch das Vernunftvermögen zumindest in einige von ihnen so weit hineinversetzen, daß im Rahmen unserer Grenzen auch die ihren erkennbar werden. »In der Welt des Regenwurmes gibt es nur Regenwurmdinge, in der Welt der Libelle gibt es nur Libellendinge« (Uexküll 1909/1921, 45). Es ist so, als sei jede Art von Lebewesen ein besonderer Schlüssel und die Natur für jede von ihnen ein besonderes Schloß. Wir sollten also lieber umgekehrt fragen, wie sich diese vielen Welten so verschränken können, daß eine Gemeinschaft der Natur entsteht, in der die Lebewesen dennoch aufeinander bezogen sind. Zu dieser Frage kommt es aber erst, wenn nicht mehr die eigene Welt naiverweise für die Welt schlechthin gehalten, sondern als die eigene Umwelt relativiert wird, so wie auch andere Lebewesen je ihre eigene Umwelt haben. Diese Pluralität ist in der heutigen Krise der wichtigste Gedanke der Uexküllschen Umweltlehre.

Hat man nicht sogar von menschlichen Artgenossen manchmal den Eindruck, sie lebten in einer anderen Welt als man selber? Ein Beispiel, das zugleich einen zweiten Gedanken ins Spiel bringt, der für die Entwicklung des Umweltbewußtseins entscheidende Bedeutung hat, ist Uexkülls neapolitanische Begegnung mit einem »Mann in den besten Jahren, der durch dreißigjährige angestrengte, rastlose Arbeit sich in durchaus ehrlicher Weise von einem kleinen Bankbeamten zum Multimillionär aufgeschwungen hatte. Auf dem Gipfel seines Reichtums angelangt beschloß er, von nun ab nicht mehr an das Geschäft zu denken, sondern sein Leben zu genießen. Da er noch nichts gesehen hatte, wollte er reisen. Wohin? An den schönsten Ort der Welt. Also Neapel. Als er ankam, war er furchtbar enttäuscht.

Meer – Berge – Himmel kannte er schon. Die waren doch nichts besonderes. Etwas Interessantes wollte er sehen: Pompeji – lauter zerbrochene Häuser: Pästum – dasselbe. Nach einigen verzweifelten Anstrengungen, die Schönheit zu finden, wandte er sich dem einzigen soliden Genuß zu – dem Schnaps. Nach einigen Wochen brachte man ihn am Delirium tremens leidend wieder nach Hause. Sein Milieu war während seiner einseitigen Berufstätigkeit langsam degeneriert« (1907, 660f.). Wo Uexküll hier vom Milieu – im Sinn des schwedischen ‚miljö' – sprach, führte er zwei Jahre später den Umweltbegriff in die Verhaltensforschung ein.

Der Mann, von dem hier die Rede ist, lebte offenbar nicht in derselben Welt wie diejenigen, welche die landschaftlichen und kulturellen Schönheiten Italiens zu schätzen und damit etwas anzufangen wissen. Er war dafür sozusagen blind nach Sicht und Einsicht, vor allem aber in seiner Erlebnisfähigkeit, in der sich beides verbindet, wohingegen er sich in der Wahrnehmung von Investitionsrisiken vermutlich den meisten Kunstkennern und Lebenskünstlern als überlegen erwiesen hätte. Ähnliche oder weniger extreme Beispiele, wie Menschen in ihrer je eigenen Welt leben, kennt fast jeder. Ich erwähne diese Geschichte, weil sie mich daran erinnert, wie in Mitteleuropa in diesem Jahrhundert, vor allem in den Jahrzehnten nach dem Zweiten Weltkrieg, etwa die Hälfte der hier zuvor heimischen Tier- und Pflanzenarten ausgestorben oder vom Aussterben bedroht ist, ohne daß die industriegesellschaftliche Öffentlichkeit es überhaupt bemerkt hat. Die Pflanzen und Tiere verschwinden in aller Stille, weil sie uns Menschen nicht mehr aushalten und in einer Welt, die nur noch unsere Umwelt ist, die ihre nicht finden. Diese Tatsache ist schon schlimm genug; wie aber ist es zu ertragen, daß wir dies nicht einmal bemerken?

Trägt Uexkülls Erklärung der Erlebnisblindheit jenes Manns etwas zum Verständnis der heutigen Erlebnisblindheit gegenüber dem Artensterben bei? Die Degeneration seiner Umwelt (seines »Milieus«) mit der jahrzehntelangen Einseitigkeit seiner Berufstätigkeit zu verbinden, berührt den neben dem Umwelt-Pluralismus zweiten zentralen Punkt der Uexküllschen Umweltlehre: die Verschränkung von Handlungs- und Beobachtungswelten. Umwelten im Uexküllschen Verständnis sind pragmatische Zusammenhänge im Sinn des griechischen Wortes *prágma*: das, womit man es zu tun hat. Merkmale und Wirkmale – oder die Merkwelt und die Wirkwelt, wie er später sagte – fügen sich ineinander wie die zwei Hälften eines Reißverschlusses. So ist es auch mit dem menschlichen Wirken, dem in der Umweltkrise eine gleichermaßen verkehrte »Merkwelt« entspricht. Diese besteht für den Menschen freilich nicht nur aus Sinneseindrücken, sondern in ihr verbinden sich Sicht und Einsicht – die sinnliche Anschauung und das Denken – in der für uns spezifischen Weise.

»... so viele Leistungen ein Tier ausführen kann, so viele Gegenstände vermag es in seiner Umwelt zu unterscheiden« (Uexküll 1934/1956, 68). Deshalb entspricht dem »einfachen Tiere ... eine einfache Umwelt, dem vielgestaltigen eine ebenso reichgegliederte Umwelt« (a.a.O. 27). Die Umwelt der Katze ist in eins das, was sie beobachtet, und das, was sie kann; dasselbe aber gilt auch für die Zecke. Uexküll nennt die Verschränkungen von Tun und Beobachten Funktionskreise. Davon gibt es für jede Art wiederum jeweils mehrere, einen Kreis von Kreisen, in denen das, was ein Lebewesen bemerkt, genau zu seinen Verhaltensmöglichkeiten paßt, z.B. den Beutekreis, den Geschlechtskreis und den Feindeskreis. Erinnern wir uns daran, daß der Begriff Wahrnehmung einmal ein viel weiterreichendes Bedeutungsfeld hatte als das der bloßen Beobachtung, nämlich darüber hinaus – wie in der Wahrnehmung einer Gelegenheit oder in der einer Verantwortung – auch die der Beobachtung entsprechende Praxis bezeichnen konnte, so erweisen sich Uexkülls Umwelten als *Wahrnehmungswelten* in diesem weiteren Sinn.

Wie sich das Unterscheidungsvermögen mit den Lebensvollzügen, in einem verallgemeinerten Sinn also Erkenntnis und Interesse, in der Wahrnehmung verschränken, zeigte Uexküll wieder an einem hübschen Beispiel. Ein Hund »war darauf dressiert worden, auf den Befehl ›Stuhl‹ auf einen vor ihm stehenden Stuhl zu springen. Nun wurde der Stuhl fortgenommen und der Befehl wiederholt. Dabei stellte sich heraus, daß der Hund alle Gegenstände, mit denen er die gleiche Leistung des ›Sitzens‹ ausführen konnte, als Stuhl behandelte und aufsprang. Es erhielten, wie wir uns ausdrücken wollen, eine Reihe anderer Gegenstände, wie Kisten, Etageren, umgekippte Schemel, einen ›Sitzton‹, und zwar einen Hundesitzton und nicht einen Menschensitzton. Denn viele dieser Hundestühle waren durchaus keine geeigneten Sitzgelegenheiten für den Menschen« (a.a.O. 67).

Was folgt daraus für die Umwelt*probleme*? Sie sind gewiß *Wahrnehmungsprobleme* im Handlungssinn von Wahrnehmung, denn sie entstehen durch falsche oder unzulängliche Handlungen. Sind sie obendrein Wahrnehmungsprobleme in dem Sinn, daß sie auch oder sogar gleichermaßen auf falschen oder unzulänglichen Beobachtungen und Gedanken beruhen? Bei dem Mann in Neapel war dies der Fall. Er wußte mit der dortigen Landschaft und Kunst nicht nur nichts anzufangen, sondern er sah und empfand sie eigentlich gar nicht. Die optischen Eindrücke brachten in ihm nichts zum Klingen, kein Erlebnis und kein Verständnis. Gilt das auch für das von uns nicht bemerkte Artensterben?

Der Befund ist ähnlich. Das Publikum sieht, bemängelte Uexküll schon 1907, »beim Lustwandeln in der freien Natur meistens nichts, sondern begnügt sich damit, Gegenstände wiederzuerkennen«, und auch dies nur in eingeschränkter Weise: »Die Welt, die sie auf einem Spaziergang zu sehen bekommen, besteht nur noch aus drei bis vier Gegenständen: Weg – Baum – Haus – Hund. Das ist alles« (1907, 659f.). An dieser Aufzählung fällt nun freilich auf, daß das Waldsterben die Öffentlichkeit ungemein beeindruckt hat, was in keinem rechten Verhältnis dazu steht, daß die statistischen Daten über das sonstige Artensterben von der Allgemeinheit kaum oder jedenfalls ohne erkennbare Bewegung registriert worden sind. Liegt es vielleicht am besonderen Verhältnis der deutschen Seele zum deutschen Wald?

Ich habe eine bessere Erklärung, die uns außerdem weiterhilft: Mit dem Waldsterben hat das Artensterben den Uexküllschen Minimalkatalog Weg–Baum–Haus–Hund erreicht. An den Bäumen *sehen* wir, wie unsere Umwelt stirbt. Das sonstige Artensterben sehen wir hingegen nicht, sondern dies lesen wir allenfalls. Hätten wir sehend miterlebt, wie längst vor dem Waldsterben nach und nach bereits eine Pflanze nach der anderen: der Enzian, die Kornrade, der Rautenfarn, das Knabenkraut, der Sonnentau, das Weidenröschen und viele andere allmählich verschwinden oder bereits ganz verschwunden sind, dann hätte uns der Schreck wohl nicht erst so spät ereilt.

*Wirklich betroffen sind wir von der Mitweltzerstörung nur dort, wo sie schneller voranschreitet als die gleichzeitige Verkümmerung unserer Sinne.* Mit der Zerrüttung der Lebensgrundlagen hat es vielleicht sogar nur deshalb so weit kommen können, weil uns die Sinne gleichzeitig vergangen oder sozusagen degeneriert sind – nicht physiologisch, versteht sich, sondern weil wir es mit unserer natürlichen Mitwelt nicht (mehr) *zu tun* hatten, so daß die Sinneseindrücke in unserer Seele nichts zum Klingen bringen konnten. Umgekehrt bedeutet dies, daß die Pflege der Sinne eine der wichtigsten Voraussetzungen für eine neue Umweltpolitik wäre. Darin liegt heute eine große gesellschaftliche Aufgabe, insbesondere der Künstler. Die Bildung der Sinne wird gegenüber der des Verstandes bereits in den Schulen geradezu sträflich vernachlässigt.

Meine These beschreibt zunächst die bisherige Erfahrung. Bewegt hat uns die kognitive Information immer nur dort, wo sie durch die Sinne lebendig gemacht wurde. Folgt daraus, daß wir z.B. über die absehbare Klimaänderung erst dann wirklich betroffen sein werden, wenn sie spürbar wird? Tatsächlich beruht die öffentliche Aufmerksamkeit in dieser Frage weitgehend darauf, daß die Zukunft in der derzeitigen Erwärmung, in den Trockenheiten und in den zunehmenden Stürmen schon begonnen zu haben scheint. Werden wir uns also von Erkenntnissen über langfrisitige Entwicklungen immer erst dann beeindrucken lassen, wenn es vielleicht schon zu spät ist, um diesen noch vorzubeugen? Dies muß nicht so sein, denn die Bewegung, auf die es ankommt, entsteht in den erkenntnis- und handlungsleitenden *Gefühlen*, auch durch Sinneseindrücke. Ich meine, wir sollten imstande sein, uns Handlungsfolgen, die zwar vorhersehend erkennbar, jedoch noch nicht gegenwärtig spürbar sind, so zu vergegenwärtigen, daß wir davon betroffen sind. Meine Erklärung bleibt dann richtig, wenn mit den Sinnen, wie in der griechischen Aisthesis, auch die Gefühle gemeint sind. So möchte ich sie im Folgenden verstanden wissen.

Der Gedanke, es gelte vor allem an die Klugheit der Menschen zu appellieren, sich selber nicht zu schaden, gehört zu den dümmsten in der Umweltpolitik. Ein politischer Wille bildet sich erst, wenn Menschen von etwas bewegt sind, und zwar nicht primär in ihren Interessen, sondern in ihren Herzen; soweit dieses da ist, wo die Interessen sind, dann freilich auch in den Interessen, seien sie persönlich oder allgemein. Dieser Mitwahrnehmung des Herzens bedarf es, um in der Verzahnung eines neuen Merkens mit einem neuen Wirken der Wiederbelebung der Sinne und einem neuen Denken Raum zu geben. Sie entsteht, wo wir nicht nur lesen, sondern selbst *empfinden, was* wir tun, und *erleben*, daß *wir* es sind, die es tun. Solange diese Bewegung nicht zugelassen oder verdrängt wird, hat die Umweltpolitik, die nun eigentlich Mitweltpolitik werden sollte, keine Chance.

Nicht hinreichend zu Herzen geht uns in der Regel z.B. die sinnliche Wahrnehmung eines Autos. Stellen wir es uns vor als formalästhetisch elegant, schnell und bequem. Die Türen fallen satt ins Schloß, der Motor brummt in verhaltener Kraft. Dem Ideal eines legendären Pioniers im Autobau entsprach es, daß er jubelt, wenn man das Fahrzeug spurten läßt. Vergegenwärtigen wir uns dieses Jubeln. Ich verstehe noch, was damit an Aufbruch und Freiheit gemeint war, aber ich höre im Geräusch des Motors jetzt vor allem die Gewalt, mit der unserer Mitwelt – Menschen, Tieren, Pflanzen und der Atmosphäre – Giftstöße versetzt werden, z.B. 3.000/Minute bei dieser Drehzahl des Motors. Müßte man sich nicht eigentlich genieren, anderen Menschen und Lebewesen zuzumuten, den Bezinbrodem einzuatmen, außerdem die absehbare Klimakatastrophe mit zu verschulden und überdies Menschen in unmittelbare Lebensgefahr zu bringen? Durchschnittlich jeder dritte Verkehrstote ist ein »Dritter«, ein Fußgänger oder ein Radfahrer. Was bleibt von dem Jubeln, wenn man sich diese Tatsachen beim Autofahren vergegenwärtigt? Warum tun wir das eigentlich? Über die Hälfte des Individualverkehrs sind Freizeit- und Urlaubsverkehr. Autos sehen anders aus und hören sich anders an, wenn man dies alles mit wahrnimmt.

Zur Wiederbelebung der Sinne gehören auch stillere Beispiele. Eines ist, bei Tageslicht keine elektrischen Lampen mehr brennen zu lassen. Es kommt dabei gar nicht nur auf den Strom an, der gespart werden könnte, sondern mindestens ebensosehr auf die Einstellung, ob man dankbar für das Licht der Sonne ist, solange sie scheint, oder ob man so tut, als sei von der Sonne angesichts unserer technischen Möglichkeiten sowieso nichts Rechtes mehr zu erwarten. In einigen Enquête-Kommissionen des Bundestags, denen ich angehört habe, hat es mich immer sehr irritiert, wenn auch am hellichten Tag bei geschlossenen Vorhängen (Stores, bis hin zum 29. Stockwerk) und künstlichem Licht (60 Strahler – neuerdings immerhin teilweise Sparlampen – für einen Raum von ca. 140 $m^2$ Grundfläche und mit ca. 60 $m^2$ Fensterfläche nach Süden) beraten wurde. Die Vorhänge ließ man mich öffnen, aber wenn ich heimlich das Licht ausknipste, z.B. während der Mittagspause, rief grundsätzlich bald jemand: Bitte Licht – ich sehe nichts! Gemeint war elektrisches Licht, beim Sonnenlicht sah man ja nichts. Ist diese symbolische Umnachtung nicht charakteristisch für den politischen Prozeß insgesamt, was die Wahrnehmung der Natur angeht?

Jeder kann da, wo er ist, im kleinen damit beginnen, die Sinne so zu pflegen, daß die Abschirmungen aufgelöst werden, welche uns verbergen, um welchen Preis wir in der heutigen Industriegesellschaft leben. Anleitungen dazu gibt es, ein Pionier der Sinnenbildung war Hugo Kükelhaus. Schon die beiden angeführten Beispiele zeigen aber, daß die Pflege der Sinne nicht nur die Sinne betrifft, sondern den Wahrnehmungskreis insgesamt, das eigene Leben im größeren Zusammenhang. Man wird den Motor nicht nur anders hören, sondern einerseits mehr radfahren und zu Fuß gehen, andererseits weniger und anders Auto fahren, oder man wird ihn auch nicht anders hören. Und man wird mit dem Sonnenlicht und mit dem Kunstlicht anders umgehen, wenn beide anders erlebt werden, oder es hat sich nichts geändert.

Das Schlüsselwort ist Tätigkeit: Die Umwelt jenes fleißigen Aufsteigers war während seiner einseitigen *Tätigkeit* so degeneriert, daß Neapel in ihm nichts mehr anklingen lassen konnte. Das Artensterben und die anderen Umweltzerstörungen sind nicht bereits dadurch wahrzunehmen, daß ein Kenner uns die letzten Individuen einer aussterbenden Spezies zeigt. Hinzukommen muß, daß wir es mit dem Vergessenen, Verdrängten und Abgeschirmten auch (wieder) zu *tun* bekommen. *Umweltprobleme sind Wahrnehmungsprobleme* im vollen Sinn, nicht nur im beobachtenden Verhältnis, sondern im aufmerksam tätigen Umgang – mit Autos, mit Licht und überall.

*Die Umwelt degeneriert oder verkommt, wo die Wahrnehmung, die Verschränkung des Merkens und des Wirkens, nicht gepflegt wird.* Wir sollten deshalb in verlassene Wirkungskreise wieder eintreten. Dazu gilt es, den Umgang mit Tieren, Pflanzen, Landschaften und mit den Elementen zu üben. Solange in Mitteleuropa nur die Tiere und Pflanzen aussterben, mit denen wir sowieso nichts zu tun haben, berührt uns dies nicht. Es entsteht kein Engagement, weder ein privates noch ein politisches, dem Vernichtungswerk ein Ende zu setzen, wenn wir eigentlich damit zufrieden sind, daß noch irgendwo ein Spaziergang im Grünen möglich ist, und sei es in einer Fichtenpflanzung oder zwischen acht verschiedenen Sorten des gar so pflegeleichten und abgasfesten Cotoneasters aus einer Stadtgärtnerei.

Wie kommt man dazu, sich Sterilität nicht mehr gefallen zu lassen? Am besten durch die schöpferische Freude daran, mehr Leben in die Welt zu bringen. Vielleicht begegnet einem unter denen, denen das öffentliche Fertiggrün gerade ganz recht ist, einmal ein alter Freund, der erzählt: Stell' dir vor, was ich am letzten Wochenende erlebt habe! Bei uns im Viertel gab es einmal einen Bach, der schlängelte sich zwischen den Gärten hindurch. Ich habe alte Fotos gesehen, das sah richtig lebendig aus. Allerdings gabs ab und zu Hochwasser, weshalb das Tiefbauamt ihn wie eine Wasser- oder Abwasserleitung kanalisiert hat. Dann aber wars kein Bach mehr. Nun haben wir von einer Bürgerinitiative in Nordrhein-Westfalen gehört, in Hessen solls das auch geben: Die haben ihren Bach einfach wieder aus seinem Zwangsbett befreit, so daß das Wasser nicht nur ab- und vorbeifließt, sondern zwischendurch im Land verweilt und einer ganz neuen Pflanzen- und Tierwelt Raum gibt. Das machen wir nun auch, und du glaubst gar nicht, wieviel Spaß es bringt, dies nur aus Freude am fließenden Wasser und an den Tieren und Pflanzen zu tun und nicht für die Firma, oder weil es sonst sein muß! Mir ist so, als würde ich selber auch ein bißchen freier, wenn ich den Bach von seinem Beton befreie. Am Ende warens nicht nur die Bäche, die betoniert worden sind ...

Der andere, der dies hört, mag sich dabei denken: Den hats erwischt. Ganz schön romantisch, diese Umweltschützer! Als ob ein Bach nicht nur dazu da wäre, damit das Regenwasser abfließt. Meine Kinder kommen mir auch schon mit solchen Geschichten aus der Schule, da haben sie einen Öko-Teich angelegt. Das ist jetzt so eine Mode, die geht auch wieder vorbei. Ich habe meine Freiheitserlebnisse immer noch am ehesten, wenn ich am Steuer meines Autos sitze ....

Meistens bleibt von solchen Begegnungen aber doch etwas hängen, und dies oft gerade bei denen, die sich am heftigsten dagegen wehren und sozusagen die Rationalität in Person spielen – diejenige Rationalität meine ich, nach der Bäche nicht Wasserläufe, sondern nur Wasserabläufe und allenfalls noch Vorfluter für Abwässer sind. Der Mann – dieser Art von Rationalität erliegen Männer anscheinend eher als Frauen – mag, wenn ihm solche Erlebnisse wie die Bachbefreiung öfter erzählt werden und seine Kinder auch noch manches sonst aus der Schule mitbringen, irgendwann doch einmal denken – vielleicht steckt er mit seinem Auto gerade in einem Stau und hat also Zeit zum Nachsinnen: *Warum mache ich das hier eigentlich?* Als ich vor etlichen Jahrzehnten mein erstes Auto hatte, war ich einer von ein paar Hunderttausend im Lande, da machte das Autofahren noch Spaß und gab so ein richtiges Gefühl von Freiheit, oder meinetwegen von Unabhängigkeit – meine Frau sagt, man darf beides nicht verwechseln, das sollten wir auch dem ADAC einmal sagen. Aber was ist daraus geworden! Jetzt sitze ich hier fest in einem Geschiebe von Blech und Abgasen auf Beton, in einer komfortabel gepolsterten Höhle, aus der ich durch die Zwischenräume in der Ferne manchmal etwas Lebendiges sehe, abgesehen von den Fahrern der anderen Autos, die aber alle ziemlich verglast aussehen. Lohnt es sich eigentlich, dafür alles in allem ein Sechstel meines Gehalts auszugeben, also pro Tag eine gute Stunde bloß für diese Art von Unabhängigkeit zu arbeiten?

Ein Erfahrungsbereich, in dem Menschen es mit der natürlichen Mitwelt zu tun haben und die Sinne pflegen könnten, ist die Landwirtschaft. Hier aber genügen heute zwei bis drei Menschen, um hundert zu ernähren; und weil sie industriell wirtschaften, also keine Agri-Kultur mehr betreiben, haben es nicht einmal diese zwei oder drei mit ihren Tieren und Pflanzen noch wirklich zu tun. Da aber eine sinnlichere und ökologisch vertretbare Landwirtschaft beim heutigen Stand des Wissens wohl auch nur fünf oder sechs Beschäftigte brauchte, um hundert Menschen zu ernähren, muß dieser Erfahrungskreis für unsere Wahrnehmung der natürlichen Mitwelt durch andere Tätigkeiten erhalten werden.

Mit Pflanzen hat man es auf eine natürliche Weise, d.h. im Lebenszusammenhang, beim Gärtnern zu tun. Damit verbindet sich der Umgang mit Erde und Wasser, auch die Erfahrung von Luft und Licht. Dabei im Freien zu sein, gibt die Chance, zugleich aus den Verengungen der Wohnung herauszutreten und anderes Leben von ihm selbst her zu erfahren. In Stille abzuwarten, wie etwas von selbst entsteht, ist besonders für diejenigen eine beruhigende Übung, welche sonst gern meinen, ohne sie käme nichts zustande.

Dem Schwund der Sinne entgegen wirken auch alle Bewegungsarten, in denen Entfernungen nicht überwunden, sondern Wege zurückgelegt werden, also insbesondere das Spazierengehen oder Wandern, das Radfahren und das Segeln. Heraklits Satz: Der Weg hinauf und hinab – ein und derselbe (Diels/Kranz, B 60), wird nur dann richtig verstanden, wenn man die Paradoxie darin hört: der schwere Weg den Berg hinauf, bis man es schließlich geschafft hat, und der so ganz andersartige hinab, sind sie nicht verschieden wie heiß und kalt oder naß und trocken? Und doch ist es erstaunlicherweise beide Male derselbe Weg! Der Fußgänger und der Radfahrer erleben dies. Der Autofahrer hingegen kann nur finden: Ja, gewiß ist es beide Male derselbe Weg, man merkt doch auch gar keinen Unterschied. In der Tat, *er* merkt ihn nicht.

Dem Autofahrer entgeht überhaupt vieles. Zum Beispiel werden vom Auto aus die Verkehrsschneisen zum Stadtbild. Vom Rad aus erlebt man, was dahinterliegt: ruhige Wohnstraßen, ganz unverglaste Menschen, die man miteinander sprechen hört, dazu die Unmittelbarkeit von Licht und Luft, Feuchte oder Sonnenschein. Daß man beim Radfahren ständig naß wird, ist eine Schutzbehauptung der Autofahrer. Es regnet eigentlich nur relativ selten, sogar in Hamburg, und wenn es passiert, kann man sich leicht schützen. Man ist seltener erkältet, hat nie ein Parkplatzproblem und ist bis zu Entfernungen von 5–7 km in der Stadt sogar meistens schneller da als mit dem Auto.

Mein drittes Bewegungsbeispiel ist das Segeln. Wir erleben die Vier Elemente sonst meistens so, wie sie in Pflanzen zusammenwachsen. Erde, Wasser, Luft und Licht sind aber nicht nur das, was Pflanzen zum Leben brauchen, sondern haben auch ihre eigene Qualität. Beim Segeln sind sie so zu erfahren. Das Boot: ein Stück *Erde*, es trägt mich, aber schon in seiner Bewegung fühle ich das *Wasser*, die weiche Kraft des aufnehmend Tragenden und durchgängig Umschließenden. Das Wasser wiederum ist bewegt vom Wind, daher die Wellen bis zum Horizont, in denen *Luft* und Wasser sich berühren, und daher rührt auch die Fahrt des Schiffs, indem der Wind an den Segeln entlang streicht. Und woher kommt der Wind? Seine Kraft ist die der Sonne, des *Feuers*, das die Atmosphäre durch Wärme bewegt. Die Wellen und die Wolken sehe ich, das Rauschen des Wassers höre ich, ebenso die Bewegung der Takelage durch den Wind, den Wind und das Wasser rieche ich, die Bewegung und in ihr die Verbindung der Elemente spüre ich.

In vergessene Lebenskreise wieder einzutreten, um der Verkümmerung der Sinne entgegenzuwirken, erfordert freilich auch Bildung und Information, Umwelterziehung im weitesten Sinn. Gelegentlich heißt es, das neue Bewußtsein müsse von Kind auf gebildet werden und brauche dann mindestens eine Generation, um allgemein zu werden. Ich halte dies für falsch. Einmal hat die Umwelt- und Energiebewegung der 70er und 80er Jahre gezeigt, daß bereits in der halben Spanne eines Generationenwechsels ein erstaunlich weitreichender Bewußtseinswandel in der Öffentlichkeit eintreten kann. Zum andern kann der Wandel nicht bei den kleinen Kindern beginnen, weil Kinder von Erwachsenen erzogen werden, das neue Bewußtsein also bei diesen einsetzen müßte, damit sie es weitergeben können.

Woher sollen Schüler die zur Erhaltung der Lebensgrundlagen und zur Wiederbelebung der Sinne notwendige Bildung bekommen, solange selbst viele Biologielehrer z.B. keine Sommer- und Winterlinden mehr unterscheiden können und in den höheren Klassen am liebsten die Biochemie der universitären Anfangssemester unterrichten? Und woher sollen es die Biologielehrer wissen, wenn auch ihre Lehrer, die Professoren, kaum noch etwas von Naturkunde verstehen? Soweit Biologieprofessoren selber noch Tier- und Pflanzenkenntnisse haben, holen sie das auf der Schule Versäumte mit ihren Studenten manchmal in den Anfangssemestern nach, aber wäre es nicht besser, hier die Reihenfolge wieder umzukehren? Am besten gelingt dies dadurch, daß Lehrer und Professoren sich selber an der Umweltbewegung beteiligen und das Ihre dazu beitragen, die Sinne in der Verschränkung mit einem umwelterhaltenden Handeln zu stärken.

Unsere Mitwelt in der Wahrnehmung, im Merken wie im Wirken, wiederaufleben zu lassen, ist die entscheidende Voraussetzung dafür, daß auch der Eigensinn der Umwelten anderer Lebewesen im menschlichen Handeln geachtet werden kann. Damit er dann auch wirklich geachtet wird, muß freilich nicht nur manches getan werden, was bisher unterblieb – die Wiederbelebung ausgestorbener Wirkungskreise –, sondern auch manches unterbleiben, was bisher geschah.

## Aufbruch aus der Konsumgesellschaft

In einem veränderten Konsumverhalten verbindet sich das neue Handeln mit dem Unterlassen des alten. Ich halte es aus zwei Gründen für entscheidend, hier anzusetzen. Einmal wird mehr als die Hälfte des Bruttosozialprodukts für den privaten Verbrauch ausgegeben, ein Fünftel für Investitionen – einschließlich derer in den Haushalten, z.B. für Häuser, Autos usw. – und ein weiteres Fünftel für den Staatsverbrauch. Nehmen wir das wirtschaftliche Sozialprodukt nicht als ein Maß des wirtschaftlichen Erfolgs, sondern als eines der damit verbundenen Zerstörungen, so sind also die privaten Verbraucher an diesen zu gut 60 Prozent beteiligt. Nicht nur die Interessen der Unternehmen sind dafür verantwortlich. Diese sind nicht zu unterschätzen, aber warum setzen sie sich durch? Die Macht der Autoindustrie z.B., welche sie faktisch hat, beruht darauf, daß etwa zwei Drittel aller Bundesbürger regelmäßig Auto fahren.

Der andere Grund ist, daß viele Menschen sich dem Zerstörungswerk der industriellen Wirtschaft ohnmächtig ausgeliefert fühlen, ohne etwas dagegen tun zu können. Bei manchen wird daraus eine hilflose Wut gegen die gesellschaftlichen Verhältnisse, welche dies zulassen. Anderen kommt die Ohnmacht ganz gelegen, um besseren Gewissens weiterzuleben wie bisher, nachdem die Verantwortung auf andere abgeschoben worden ist. Den einen möchte ich sagen: Ihr resigniert zu schnell, den andern: Ihr macht es euch zu bequem. Wir alle miteinander können nämlich sehr wohl etwas ändern.

Was das Autofahren angeht, so haben erstaunlich viele Menschen damit schon ganz aufgehört. Denen, die noch nicht so weit gehen wollen oder können, mache ich den Vorschlag zur Güte, daß in Zukunft nicht mehr als bisher gefahren wird, sondern weniger, und zwar so, daß von Jahr zu Jahr immer wieder jeder Fünfte jede fünfte Fahrt unterläßt. Ist das ein zu hohes Ziel? Man kann ja mit den Fahrten zum Briefkasten und zum Friseur beginnen. Ein Zehntel aller lokalen oder regionalen Autofahrten (bis 50 km) findet im Umkreis von 1 km statt, die Hälfte im Umkreis von 5 km und zwei Drittel im Umkreis von 10 km (Kloas/Kuhfeld 1987). Wer dabei gelegentlich auf das Auto verzichtet und statt dessen zu Fuß geht oder mit dem Rad fährt, merkt schnell, daß dies auch seinen Reiz hat und kein Opfer ist.

Das Auto ist kein verallgemeinerungsfähiges Gut, aber nur ein allmählicher Ausstieg löst von Anfang an mehr Probleme, als er schafft. Die bescheidene Enthaltung, die ich hier vorschlage, ergäbe pro Jahr immerhin vier Prozent weniger Fahrten und würde die Verkehrsleistung insgesamt in etwa zehn Jahren auf die Hälfte zurückgehen lassen. Für ebenso wichtig halte ich die politische Wirkung. Sowie nämlich diese Bewegung einsetzt, wird es auch möglich, z.B. nach dem Stockholmer Vorbild nur noch Autofahrer in die Stadt zu lassen, die außerdem eine Monatskarte für öffentliche Verkehrsmittel haben, so daß deren Angebot verbessert und die Stadt für Autos zunehmend gesperrt werden kann. Der Autoindustrie ließe dieser maßvolle Ausstieg genügend Zeit, ihre unbestritten hohe Intelligenz allmählich klügeren und weniger zerstörerischen Produkten zuzuwenden.

Ein anderes Beispiel ist der Fleischverbrauch. 1988 waren es im Bundesgebiet 6,4 Mio t, also 104 kg pro Person, bezogen auf das Lebendgewicht der Tiere. Ein Drittel davon ist Abfall oder dient der Fütterung unserer Haustiere, zwei Drittel werden von Menschen gegessen. Fleisch ist relativ billig – um den Preis der Tierquälerei in der Massentierhaltung und der billigen Futtermittelimporte aus der Dritten Welt. Höchstens halb so viel Fleisch zu essen, wäre gesünder, und wenn dann der Preis verdoppelt würde (so daß nicht mehr als bisher ausgegeben zu werden brauchte), könnten die Tiere so gehalten werden, daß sie wenigstens gelebt haben, bevor sie geschlachtet werden. Bei Hühnereiern genügt dafür schon eine Verteuerung um 5–10 Pfennige pro Ei. Wenn es arme Leute gibt, die dann nicht mehr genug Eier essen können, soll statt der Tierquälerei etwas gegen die Armut getan werden.

Daß unsere Nahrungsmittel seit Jahrzehnten immer billiger geworden sind, kommt die natürliche Mitwelt teuer zu stehen. Und was tun wir mit dem gesparten Geld? Dem Statistischen Jahrbuch 1989 für die BRD entnehme ich, daß 1988 ein Vier-Personen-Arbeitnehmerhaushalt (Typ 2) mit mittlerem Einkommen (DM 2.900 bis 4.400 monatlich brutto) für Nahrungsmittel durchschnittlich DM 516 ausgegeben hat (ohne Getränke, Tabak und Gaststätten, sonst wären es DM 767). Das ist sicher nur mit Billigangeboten zu machen. Für Miete und Energie liegen die Durchschnittsausgaben bei DM 854. Und wieviel gibt derselbe Haushalt fürs Auto aus? Das Jahrbuch weiß auch dies: Es sind DM 488 monatlich, natürlich einschließlich der Anschaffungskosten.

Also gut 500 Mark fürs Essen, da wird gespart, und fast ebensoviel fürs Auto, dafür ist das Geld dann da. Eine Gehaltsgruppe höher (Haushaltstyp 3, DM 5.200 bis 7.000 brutto monatlich) ist der Familie das Auto sogar schon mehr wert als das Essen; die Ausgaben betragen monatlich DM 630 für Nahrungsmittel und DM 638 fürs Auto. Beide Beträge können überdies in einen direkten Zusammenhang gebracht werden, denn der Anteil der Ausgaben für Nahrungsmittel am Einkommen ist mit zunehmendem Wohlstand in den letzten fünfundzwanzig Jahren etwa halbiert worden, und wir sehen nun, was mit der anderen Hälfte angefangen wird. Das um den Preis der Tierquälerei und Landschaftszerstörung in der industriellen Landwirtschaft Ersparte wird für das Autofahren ausgegeben. Zwei der schlimmsten Umweltzerstörungen, die es gibt und für die die privaten Verbraucher direkt verantwortlich sind, ermöglichen und verstärken sich also gegenseitig. Solange das so ist und Verbraucher sich einzeln oder gemeinsam diesem privaten Zerstörungskartell entziehen können, indem sie andere Produkte kaufen, kann dies den einen, die unter dem Gefühl der Ohnmacht leiden, Mut machen, und den anderen, welche die Ohnmacht genießen und dafür noch mancherlei Ideologie aufbieten, warum gegen den Kapitalismus sowieso nichts zu machen sei, und schon gar nicht so privatistisch, die Bequemlichkeit nehmen.

Das neue Konsumverhalten sollte dazu führen, daß alle die Produkte nicht mehr gekauft werden, welche auf Kosten der Lebensbedingungen, auf Kosten der Nachwelt und auf Kosten der Dritten Welt billiger angeboten werden, als sie sind. Daß dieses Ziel nicht auf einmal erreicht werden kann, zumal angesichts des real existierenden Warenangebots, liegt auf der Hand. Es kommt aber darauf an, hier möglichst effektiv zu beginnen. Niemand kann allein herausfinden, was alles durch Zerstörung der Lebensbedingungen produziert worden ist oder im Verbrauch bzw. als Abfall solche Zerstörungen mit sich bringt. Auf sich allein gestellt, wäre man damit rund um die Uhr beschäftigt. Wenn sich aber mehr Bürgerinitiativen bildeten, die in Selbsthilfe und mit der dazu vorhandenen oder entstehenden Literatur Fragen nachgehen würden, wie z.B.:

- Woher kommt das Fleisch in unseren Läden?
- Welche Reinigungsmittel sind im Haushalt noch zu verantworten?
- Wo bekommen wir einigermaßen natürliches und unvergiftetes Gemüse?
- Wie kann im Haushalt und in unseren öffentlichen Gebäuden Energie gespart werden?
- Was können wir zur Vermeidung und zur Wiederverwertung unserer Abfälle tun, beginnend mit dem Kauf dafür geeigneter Produkte? usw.,

so könnte von der Basis alsbald ein beträchtlicher Druck auf die Wirtschaft entstehen.

Gute Möglichkeiten, durch Verbraucherinitiativen gemeinsam zu handeln, bietet die Direktvermarktung von Nahrungsmitteln durch umweltbewußte Landwirte. Wo es noch mittelgroße Betriebe gibt, ist ihr Fortbestand in der Regel gefährdet. Jeder kann durch den Kauf von Lebensmitteln, die ihren Preis wert sind, dazu beitragen, daß wenigstens die letzten Reste von Agri-Kultur erhalten bleiben. Die Billigprodukte der agroindustriellen Großunternehmen kommen uns teuer zu stehen. Viele Einzelhandelsgeschäfte gehen allmählich ebenfalls dazu über, sich auf den ökologisch orientierten Verbraucher einzustellen. Ein souveräner Konsument ist nicht schon der, welcher sich bei Kaufentscheidungen souverän verhalten kann, sondern der, welcher es wirklich tut, d.h. sich nichts aufreden läßt, sondern aus eigener Verantwortung weiß, was er will, und dies in freier Entscheidung tut. Auch im Funktionskreis des Verbraucherverhaltens müssen Merkwelt und Wirkwelt zusammenpassen. Das Kaufverhalten ist die Sprache, welche die Marktwirtschaft am besten versteht, und dies ist eine ihrer wirklich guten Eigenschaften.

Die Verantwortung der Konsumenten ist nicht nur durch die Art der Produkte eine andere als früher, sondern auch durch die globale Reichweite der meisten Kaufentscheidungen. Zum Beispiel beginnt das umweltbewußte Bauen eines Hauses ganz gewiß damit, daß es in die Topographie des Grundstücks richtig eingebettet wird, möglichst viele Südfenster und einen Wintergarten nach der Nordseite hat, passende Baustoffe verwendet werden, usw. Aber dies ist noch lange nicht hinreichend. Die beste Architektur ergibt nämlich noch kein umweltgerechtes Haus, wenn es nur mit dem Auto erreichbar ist. Was nicht zueinander paßt, ist bisher üblicherweise durch Autoverkehr ausgeglichen worden. In Zukunft aber ist dies global nicht mehr zu verantworten. Die Stadt ihrerseits muß in das Umland passen, das sie ernährt, aber dieses reicht bis nach Brasilien, wenn Fleisch gekauft wird, das mit Futtermitteln von dort erzeugt worden ist. Und zum umweltgerechten Haus gehört natürlich auch, daß der Energieumsatz nicht zur Klimaänderung beiträgt. Man braucht sich in der Regel nicht mit warmem Wasser die Hände zu waschen, und wer im Winter so viel heizt, daß er sich wie im Sommer kleiden kann, sollte sich den Preis dafür vergegenwärtigen. Denken wir also daran, daß wir nicht nur in unseren Wohnungen wohnen: Man wohnt sowohl auf einem Grundstück als auch in der Stadt, in einem Land, auf einem Kontinent und auf der ganzen Erde zugleich.

Wird es den in dieser Weise weltbürgerlichen Konsumenten geben? Die neoklassische Wirtschaftstheorie nimmt an, daß Menschen erstens immer mehr Güter und zweitens mehr als andere haben wollen. Dieser außengeleitete Homo oeconomicus, der dem Warenangebot hilflos ausgeliefert ist und immer nur haben will, womit andere ihn locken, ist aber nicht der souveräne Konsument, der sein eigenes Leben unter anderen leben will und dazu – politisch und wirtschaftlich – auch Nein zu sagen weiß, wo er etwas nicht will. Untersuchungen von Scherhorn (1988) deuten darauf hin, daß »autonomieorientierte«, von sich aus urteilende Bürger mit steigendem Wohlstandsniveau nicht in erster Linie immer mehr Güter haben wollen, sondern sich in ihren Kaufentscheidungen daran zunehmend orientieren, was sie mit den Dingen anfangen können. Je selbstsicherer jemand ist, desto weniger hat er es außerdem nötig, das eigene Selbstwertgefühl darauf zu gründen, daß er mehr als andere hat. Eine Chance zur Rettung der Lebensgrundlagen liegt nach diesen Untersuchungen ebenfalls gerade darin, daß mündige Bürger zugleich souveräne Konsumenten werden.

Ein verändertes Konsumverhalten kann sich politisch noch wesentlich stärker auswirken als wirtschaftlich, denn die Allgemeinheit kann die Wirtschaft über das Konsumverhalten nur zu gut sechzig Prozent beeinflussen, die Politik aber – zumindest über das Wahlverhalten – zu hundert Prozent. So viele Wähler als Konsumenten aus ihrer vermeintlichen oder lieb gewordenen Ohnmacht erwachen, so viele werden politisch auch denen Rückhalt geben, welche es nicht mehr zulassen wollen, daß wir – Konsumenten und Produzenten, Unternehmer und Beschäftigte – auf Kosten der Lebensbedingungen, der Nachwelt und der Dritten Welt leben. Die Parteien täten gut daran, dies zu unterstützen, denn sie sollen, wie es im Grundgesetz heißt, zur politischen Willensbildung beitragen, dafür aber keineswegs allein zuständig sein. Sie sind geradezu darauf angewiesen, daß mündige Bürger nicht nur in ihnen politisch aktiv werden. Umgekehrt soll man nicht meinen, alle Probleme nur vom Verhalten des einzelnen her lösen zu können. Bei sich selber einen Anfang zu machen, stärkt den politischen Willen an der Basis durch die eigene Glaubwürdigkeit, aber dieser Wille muß dann auch organisiert und in das politische System vermittelt werden.

Ich empfehle also den friedlichen Aufstand der Konsumenten. Wir brauchen den ökologischen Ungehorsam, endlich mehr zu tun, als die Regierung beschlossen hat. Der Aufstand ist nötig, weil die Lebensbedrohlichkeit unserer Wirtschaft das größte Problem unseres Landes ist und weil der Wirtschaft am besten beizukommen ist, wenn ihr die wirtschaftliche Akzeptanz entzogen wird. Die politische

Veränderung bekommt dann den nötigen Spielraum, wohingegen politische Aktionen schwerlich eine Wirkung auf die Wirtschaft haben, wenn weiterhin brav alles gekauft und als Wohlstand akzeptiert wird, was sie produziert. Solange sich daran nichts ändert, bleibt der für die Umweltkrise bisher charakteristische Dreisatz in Kraft. Es ist nur vordergründig die Macht der Unternehmen, deretwegen dies so ist. In Wahrheit sind es die Konsumenten, wir alle, welche diese Wirtschaft durch unser Kaufverhalten sanktionieren, deretwegen also die Macht der Wirtschaft sich politisch durchsetzt.

Es gilt zu erkennen, daß diese lebenszerstörerische Wirtschaft unsere eigene Wirtschaft ist und daß auch diejenigen, welche die Zerstörungen verbal beklagen, sie in ihrem Verhalten zum großen Teil mitbetreiben. In Umfragen zur Priorität des Umweltschutzes kommt die Sorge, welche uns dabei beschleicht, zum Ausdruck, aber die Betroffenheit reicht viel zu oft nicht aus, um das Handeln zu ändern.

Wir alle sind die Wirtschaft, nicht nur die Unternehmen. Wir sind es aber nicht nur als Konsumenten, sondern gleichermaßen als Beschäftigte, z.B. in den Tarifverhandlungen der Sozialpartner. Dabei geht es nicht nur um das Einkommen und die Arbeitszeit, sondern auch um bessere und gerechtere Arbeits- und Beschäftigungsverhältnisse. Gehört aber zur Humanisierung der Arbeit in der Umweltkrise nicht auch eine Humanisierung des jeweiligen Betriebs in bezug auf die natürliche Mitwelt? Viele Arbeitsplätze können nur noch zu Lasten der Lebensgrundlagen aufrechterhalten werden. Ihr Verlust droht, wenn der Betrieb nicht mehr die Luft, das Wasser und den Boden vergiften dürfte. Ist es nicht in doppelter Weise inhuman, wenn Menschen ihren Lebensunterhalt um den Preis der Zerstörung von Lebensgrundlagen verdienen müssen, nämlich gegenüber diesen Beschäftigten *und* in bezug auf die natürliche Mitwelt? Darf es sein, daß unsere reiche Gesellschaft vielen Bürgern zumutet, davon zu leben, daß ihre Arbeit mehr Schaden als Nutzen bringt?

Unsere Wirtschaft bietet im allgemeinen ein schlechtes Bild, wenn man nach Unternehmen Ausschau hält, die über ihr Betriebsinteresse hinaus einer weitergehenden Verantwortung gerecht werden wollen. Solange es nicht verboten ist, aus Umweltzerstörung Gewinn zu ziehen, müssen wir es tun, sagen ihre Vertreter, weil sonst nur die Konkurrenz es tut und dadurch einen Vorteil hat. Kann aber die Freiheit der Wirtschaft so gemeint sein, daß Böses immer erst dann nicht oder nicht mehr getan wird, wenn es verboten ist?

Ich denke beispielsweise an die nun seit etlichen Jahren bekannte Tatsache, daß durch Fluorchlorkohlenwasserstoffe (FCKW) der Ozonschild der Stratosphäre zerstört wird. Als dies bekannt wurde, hätten die diese Substanzen herstellenden und die sie verarbeitenden Unternehmen anständigerweise sofort erklären müssen: Wir erfahren zu unserem Schrecken, daß wir durch unsere Tätigkeit seit vielen Jahren die ganze Menschheit und die natürliche Mitwelt bedrohlich und in zunehmendem Maß gefährden. Wir möchten dem so schnell als irgend möglich ein Ende setzen und, soweit es unsere Kräfte erlauben, außerdem den Schaden wiedergutmachen, den wir angerichtet haben, als wir noch nicht wußten, was wir taten. Als einzelne Unternehmen sind wir damit aber teilweise überfordert. Wir bitten deshalb um öffentliche Unterstützung, insbesondere durch entsprechende Gesetze und Verordnungen, damit z.B. die FCKW aus zu verschrottenden Kühlschränken von uns rezykliert werden können.

So aber hat sich leider keines der betroffenen Unternehmen geäußert. Statt dessen hörte ich in einer Anhörung der Klima-Enquête des Deutschen Bundestags im Mai 1988, in einigen Bereichen seien die FCKW für die Industriegesellschaft einfach »lebensnotwendig«, z.B. als Blähmittel in Hartschäumen zur Isolierung von Kühlschränken. Denn nur so sei es möglich, mit drei Zentimetern Wandstärke auszukommen. Denken diese Herren denn gar nicht daran, was hier wirklich lebensnotwendig wäre, nämlich der Schutz der Lebensbedingungen (vor allem auf der Südhalbkugel) vor den Zerstörungen durch die harte UV-Strahlung? Dürfen Unternehmen, die so verantwortungslos denken und handeln, gleichzeitig die ihnen verfassungsmäßig garantierte Freiheit in Anspruch nehmen? Inzwischen erklärte ein anderes Unternehmen der Branche, nun habe man einen Ersatzstoff gefunden, mit dem es bei den drei Zentimetern Wandstärke bleiben könne, und ein drittes hielt dagegen, einstweilen müsse aber noch viele Jahre lang mit den alten Substanzen gearbeitet werden, sonst seien Arbeitsplätze gefährdet. Der Gesamteindruck dieser Hartschaumköpfigkeit wäre nur kümmerlich, wenn die Gefahren nicht so groß wären. Angesichts dieser Gefahren so beschränkt zu reagieren, aber ist so borniert wie unverantwortlich. Das Ergebnis wird, soviel ich sehe, gleichwohl sein, daß die FCKW-Produktion und -Nutzung in der BRD etwa im Sinn der Empfehlung der Klima-Enquête des Bundestags (1988) beendet werden. Wenn es dazu kommt, wird dies jedoch auch ein Erfolg des veränderten

Verbraucherbewußtseins sein, dessentwegen viele Unternehmen nun gern damit werben würden, daß in ihren Produkten keine FCKW-haltigen Materialien mehr enthalten sind. Warum aber müssen solche Fortschritte immer zunächst einmal *gegen* die Wirtschaft erkämpft werden?

Ich fürchte, es handelte sich hier nicht nur um besonders engstirnige Reaktionen von Betroffenen. Eine angesehene Tageszeitung beschränkte sich in ihrem Wirtschaftsteil gleichermaßen auf die einseitige Feststellung: »Ertrag litt unter FCKW-Diskussion« (*Frankfurter Allgemeine Zeitung,* 31. März 1990) und erwähnte nicht, wer und was unter den FCKW selber leidet. Kurz darauf berichtete dieselbe Zeitung unter dem Titel »Gesäusel – Die Jahre der Ethik sind gezählt« nicht ohne Wohlgefallen von einem Unternehmer, der es leid sei, ständig zu Vorträgen über die gesellschaftliche Verantwortung des Unternehmers eingeladen zu werden. Die deutsche Wirtschaft solle endlich aufhören – womit sie meines Erachtens noch lange nicht begonnen hatte – »gut sein zu wollen«, sondern »wieder sein, was sie in Wirklichkeit ist: geschäftstüchtig«. Nicht auf das Ethos komme es an, sondern auf die Umsätze und den Gewinn (*Frankfurter Allgemeine Zeitung,* 17. April 1990).

Die Stimmen, die ich hier wahrnehme, sind hoffentlich nicht repräsentativ. Ich wüßte aber doch gern, wo sich Unternehmen *grundsätzlich* anders verhalten, als ich es hier beschreibe, und dadurch das Gesamtbild wesentlich ändern. Wir brauchen diese Wirtschaft, um mit ihr Probleme zu lösen, die es ohne sie nicht gäbe. Ich habe keinen Zweifel, daß sie auf den Aufstand der Konsumenten flexibel reagieren und wiederum auf ihre Kosten kommen wird. Gibt es aber nicht vielleicht doch noch verantwortliche Kräfte, die diesem Aufstand sogar entgegenkommen würden?

Es fällt schwer, sich von den Gewerkschaften generell ein besseres Bild zu machen. Wo denken sie nicht nur an sich? Die IG Bergbau und die IG Chemie sind es gewiß nicht, denen man spontan einen weiteren Horizont als den Unternehmensvertretern attestieren möchte. Hoffnungsvoller stimmen Bestrebungen in der IG Metall, in denen eine Mitbestimmung nicht nur in Arbeitnehmerinteressen, sondern auch über die herzustellenden Produkte, also im Allgemeininteresse, angestrebt wird. Der schönste und bestbezahlte Arbeitsplatz darf kein Ziel gewerkschaftlicher Politik sein, wenn dort atomare, biologische oder chemische Waffen produziert werden; gilt dasselbe aber nicht auch bereits für FCKW und Herbizide, sowie für die vielen Dinge, die sich nur unter Ausnutzung menschlicher Schwächen verkaufen lassen, vielleicht sogar für Automobile, zumindest solche ohne Katalysator?

Könnten die Sozialpartner in ihren Tarifverhandlungen nicht auch einmal der Natur eine Stimme in ihrer Runde einräumen? Ich wünschte mir z.B., daß die Bundesbahn statt ihrer betriebswirtschaftlichen Capricen – Supersuperspar an jedem ersten Donnerstag im Monat, in Schaltjahren an jedem zweiten Mittwoch und im Winterhalbjahr sogar mit Hund (vgl. *Süddeutsche Zeitung,* 17. Juni 1989) – endlich einmal herausfindet, wie das Schweizer System des »Halbpreispasses« sinnvoll auf unsere Verhältnisse übertragen werden kann. In der Schweiz kostet jede Fahrkarte nur die Hälfte, wenn man einen solchen Paß, der einhundert Franken kostet und ein Jahr gilt, besitzt. Das Bahnfahren wird dann sogar billiger als das Benzin der entsprechenden Autofahrt, und dies ist für den praktischen Kostenvergleich entscheidend, weil die meisten Autofahrer die tatsächlichen Kosten ihres Autos lieber nicht wissen wollen. Gäbe es ein entsprechendes Angebot der Bahn, so könnten die Gewerkschaften darüber verhandeln, daß die Betriebe ihren Angehörigen als Sozialleistung Halbpreispässe zur Verfügung stellen – oder ein möglichst ebenso einfaches Produkt bundesbahnerischer Phantasie. Die Schweizer Lehrer sind schon so weit; der Halbpreispaß ist ein Teil ihres Gehalts.

Wenn wir alle, die wir unmittelbar über nahezu zwei Drittel aller Mittel verfügen, die Tag für Tag und Jahr für Jahr ausgegeben werden, in Zukunft jedes Warenangebot daraufhin prüften, wieweit wir uns durch diesen Kauf zu Lasten der Lebensbedingungen, der Nachwelt und der Dritten Welt bereichern – wäre das nicht eine schöne Revolution? Eine Revolution wäre es, eine Umkehrung der Kriterien, nach denen gewirtschaftet wird, aber vor allem eine Umkehr im allgemeinen Bewußtsein, und damit zusammen die Umkehrung der Verhältnisse, und deshalb eine *schöne* Revolution. Was wechseln muß, ist das herrschende Bewußtsein – diejenigen, die herrschen, wechseln dann von selbst, am einfachsten in der Demokratie.

In der DDR hat es einen Aufstand gegeben, der uns – im Gegensatz zu den Schlächtereien der bürgerlichen Revolution in Frankreich und der sozialistischen in Rußland – durch die gewaltlose Überwindung der herrschenden Verhältnisse nun ein Vorbild sein kann.

Daß dabei letztlich nur der Anschluß der DDR an die BRD herauszukommen scheint, fördert hierzulande eine Selbstgefälligkeit, die von unseren eigenen, unverändert drängenden Problemen abzulenken droht. Richtig wäre es, nach dem Aufstand in der DDR nun den Aufstand anzusagen, der hierzulande geboten ist und uns nur deshalb so schwer fällt, weil wir es damit so leicht haben: den Aufstand gegen eine lebensbedrohende Wirtschaft und unsere eigene Trägheit, auf Kosten der Lebensbedingungen, der Nachwelt und der Dritten Welt in Verhältnissen zu leben, die gemeinhin als Wohlstand gelten. Ich bin sicher, daß unsere kapitalistische Wirtschaft den Aufstand der Konsumenten überleben und produzieren kann, was sich auch souverän werdenden Konsumenten verkaufen läßt. Das Problem ist, ob wir alle, die Allgemeinheit, diese Erneuerung wirklich wollen. Die weiteren Kapitel dieses Buchs sind den Überlegungen gewidmet, deren es zur Erneuerung bedarf, und den Folgerungen, die sich daraus für Staat und Gesellschaft ergeben.

# 2
# Vom Mitmenschen zur natürlichen Mitwelt

Welche ökologischen Gründe dafür sprechen, die menschliche Umwelt nicht für die Welt schlechthin zu halten, ist nun deutlich geworden. Der Kosmos ist nicht nur der menschliche Lebensraum. Aus dieser Einsicht praktische Konsequenzen zu ziehen, wird dadurch erschwert, daß Umwelten Verschränkungen des Handelns mit darauf abgestimmten Denk- und Beobachtungsmustern – und in diesem Sinn Wahrnehmungszusammenhänge – sind. Alles Bewußtsein der Gefährdung von Lebensgrundlagen verhilft erst dann zu einem anderen Handeln, wenn der Funktionskreis der Zerstörung auch im handlungsleitenden *Denken* durchbrochen wird. Eine Chance dazu bietet die Pflege der Sinne. Wenn das sinnliche Gefühl für die natürliche Mitwelt nicht mehr ebenso schnell verkümmert, wie ihre Zerrüttung voranschreitet, kann sich im unmittelbaren Erleben der Folgen des industriewirtschaftlichen Prozesses diejenige Betroffenheit bilden, ohne die kein politisches Engagement entsteht, diesem Prozeß Grenzen zu setzen.

Am gewaltlosen Aufstand der souverän werdenden Konsumenten kann sich jeder beteiligen, und jeder kann auch anderen zureden, dies ebenfalls zu tun. Wenn jeder Tausendste damit beginnt, der zerstörerischen Wirtschaft die wirtschaftliche Akzeptanz zu entziehen, und im Lauf eines Jahrs nur einen weiteren dafür gewinnt, dies ebenfalls zu tun, sind es nach einem Jahr bereits 2 Promille der Bevölkerung. Wiederholt sich die Verdopplung im folgenden Jahr, so sind es nach zwei Jahren vier und nach drei Jahren 8 Promille, nach fünf Jahren 3,2 Prozent, nach acht Jahren 25,6 Prozent und nach knapp zehn Jahren 100 Prozent. Spätestens dann ist auch die Bundesregierung dabei. Statt des Wachstums der Zerstörung brauchen wir ein Wachstum des Widerstands dagegen.

Wenn also keine Umkehr im Handeln stattfindet, sondern die Lebensgrundlagen weiterhin zerrüttet werden, so geschieht dies nicht, weil die Allgemeinheit gegen die zerstörerischen Kräfte der Wirtschaft nichts tun *kann*, sondern weil sie es nicht *will*. Wer sagt, dem Zerstörungswerk müsse Einhalt geboten werden, darin im eigenen Verhalten aber unbekümmert fortfährt, kann noch nicht überzeugt davon sein, damit den falschen Weg zu gehen. Sich dennoch generell zum Umweltschutz zu bekennen, bietet die Bequemlichkeit, sich damit immerhin Einwände vom Leibe zu halten, vielleicht sogar die Bedenken, die man selber im Verborgenen hat. Obendrein kann man sich dafür bedauern, unter Verhältnissen zu leben, die aus eigener Kraft nicht zu ändern sind.

Ich finde es übergangsweise – zumal solange die sinnliche Betroffenheit im eigenen Lebensgefühl fehlt – verständlich, den Umweltschutz zwar grundsätzlich zu bejahen, aus der Verschränkung des zerstörerischen Handelns mit dem dazu passenden Denken aber noch nicht herausgefunden zu haben. Die Konsumentensouveränität bildet sich nur langsam, zumal Wirtschaft und Werbung alle Verlokkungen aufbieten, damit die Bürger sich wirtschaftlich keinen eigenen Willen bilden, sondern sich möglichst außengeleitet verhalten. Generelle Zugeständnisse können eine Bereitschaft, sich nach Sicht und Einsicht für eine Änderung im industriewirtschaftlichen Verhältnis zur Natur zu öffnen, bereits dann signalisieren, wenn sie noch nicht zu einem veränderten Handeln führen. Entscheidend ist dann, etwas gegen die Verkümmerung der Sinne zu tun und weniger an den Erwerb von Gütern als daran zu denken, inwieweit sie das Leben bereichern.

Wem die sinnliche Betroffenheit dazu verhilft, aus dem alten Denken und seiner Verschränkung mit dem Zerstörungshandeln auszubrechen, der hat den Weg eines neuen Denkens freilich noch vor sich. Ein wieder auflebender sinnlicher Umgang mit der natürlichen Mitwelt sollte sich dann mit der Einsicht verbinden, nicht nur *daß* die bisherige Wirtschaft in der Natur nicht zu verantworten ist, sondern *warum* sie es nicht ist und woran sich Verantwortlichkeit in der Wirtschaft in Zukunft bemißt. Zwar verfangen die klügsten Argumente in der Regel nicht, wenn nicht eine gefühlsmäßige Bereitschaft besteht, ihnen vielleicht zu folgen. Aber ein geistig so geschlossenes Weltbild wie das der bisherigen Industriegesellschaft und der wissenschaftlich-technisch organisierten Wirtschaft verdient auch, daß man es nun nicht allein emotional und sinnlich verneint, sondern namhaft macht und begründet, was falsch war und was statt dessen gelten soll. Davon handeln dieses und die folgenden Kapitel.

Einen Weg insgesamt zu rechtfertigen, ist in der Regel schwieriger als den jeweils nächsten Schritt. Das gilt auch für neue Wege. Soweit an meinen Vorstellungen, welche Wege zum Frieden mit der Natur führen könnten, Kritik geübt worden ist, lief sie zum großen Teil darauf hinaus, daß ich Voraussetzungen nicht mehr teile, an die man sich so gewöhnt hat, daß ihre Verschränkung mit dem zerstörerischen Handeln gar nicht bemerkt wird. Abweichende Gedanken werden aber einem unerfüllbaren Begründungs- und Konformitätswunsch ausgesetzt, wenn nicht auch die eigene Position in Frage gestellt wird. Wer z.B. immer schon voraussetzt, daß die übrige Welt bloß für uns da sei, wird diese Annahme nicht für begründungsbedürftig halten, den Eigenwert der natürlichen Mitwelt aber stringent bewiesen haben wollen.

Der nach der herrschenden Rationalität am wenigsten mit neuen Orientierungen belastete Fortgang wäre, soviel ich sehe, der in den Abgrund, jedoch mit stetig verbessertem Schuhwerk. Dazu möchte ich keinen Beitrag leisten. Ich mache statt dessen Gründe geltend, was es heute in der Geschichte zu lernen gelte, und zwar dort, wo wir stehen, aber in historischer Perspektive. Die herrschende Art von Rationalität im Verhalten erweist sich dann, wie ich erläutern werde, als eine noch unvollendete Aufklärung.

Aus der Geschichte, so sagen manche Historiker, kann man nur lernen, daß aus ihr nichts zu lernen sei. *In* der Geschichte aber lernen wir ständig, indem vergangene Entwicklungen konzeptionell auf die Zukunft bezogen und abgewandelt werden. Soweit die Bezüge in der Gegenwart liegen, fällt ihre Geschichtlichkeit meistens nicht weiter auf. Hinsichtlich des Lernens, daß unsere Welt nicht die Welt schlechthin und andere Lebewesen ihren Lebensraum nicht nur in dem unseren finden, sondern als natürliche Mitwelt ihren Eigenwert im Ganzen der Natur haben, wähle ich als historischen Anknüpfungspunkt die aufklärerische Einsicht, daß alle Menschen Mit-Menschen und als solche Teil einer menschlichen Allgemeinheit, der Menschheit, sind.

## Von der Aufklärung über die Menschheit zur Aufklärung über die Natur

Daß dem Wohl der Allgemeinheit kein Schaden zugefügt werden darf, ist in unserer Wert- und Rechtsordnung unstrittig. Welche »alle« aber sind es, denen diese Allgemeinheit gemein ist? Das Ganze, an dessen Integrität Verletzungen des Allgemeininteresses zu bemessen sind, kann entweder als: die Menschheit und *ihre* natürlichen Lebensgrundlagen, abgegrenzt werden oder als: die Menschheit und *die* natürlichen Lebensgrundlagen. Sprachlich ist dies nur ein kleiner Unterschied. Politisch, philosophisch, verfassungsrechtlich und für das industriegesellschaftliche Handeln ist er von weitreichender Bedeutung. Einmal hätten wir künftig zu berücksichtigen, daß ein Besitz, von dem wir leben, nicht unklug verwirtschaftet wird, soweit wir ihn brauchen. Lebensgrundlagen dürften nur dann nicht zerstört werden, wenn Menschen davon betroffen sind. Dies entspricht dem Ziel und der Begründung der bisherigen Umweltpolitik. Im anderen Fall hätten wir eine weiterreichende Verantwortung, die Lebensgrundlagen in unserer Wirtschaftstätigkeit nicht nur so weit zu erhalten, wie Menschen von ihrer Zerstörung betroffen sind oder sein werden, sondern auch auf den Eigenwert der natürlichen Mitwelt im Ganzen der Natur Rücksicht zu nehmen. So habe ich es als einen Weg zum Frieden mit der Natur vorgeschlagen. Dieser Gedanke wird bisher nur von einer Minderheit vertreten.

Ich erläutere den Unterschied in bezug auf die Soziale Frage des 19. Jahrhunderts, die Ausbeutung von Menschen durch Menschen in der frühkapitalistischen Wirtschaft. Hier ging es darum, außer denen, die von der damaligen (unsozialen) Wirtschaft Vorteile hatten, im Allgemeininteresse auch die zu berücksichtigen, die dabei ausgebeutet wurden. Den eben genannten beiden Möglichkeiten entsprachen dabei die folgenden: Einmal war es unklug, die Arbeitskraft derer, die für die anderen arbeiteten, nicht wenigstens so weit zu pflegen, daß der Ertrag möglichst groß wird, also wegen zu schlechter Bezahlung überproportionale Ertragsminderungen in Kauf zu nehmen und überdies unnötig viel Polizei unterhalten zu müssen, um vor Diebstahl und Aufruhr geschützt zu sein. Durch Hungerlöhne Geld zu sparen, kann unter Profitgesichtspunkten durchaus unrentabel sein. Die Konsequenz wäre gewesen, die Lage des Proletariats gerade so weit zu verbessern, wie dies noch den Erträgen für die Besitzenden zugute gekommen wäre. Im anderen Fall hätten diese sich gesagt: Diejenigen, die wir hier wie Sklaven behandeln, sind eigentlich Menschen wie wir auch; wir sind für sie verantwortlich; wie wir sie behandeln, verstößt gegen die Menschenwürde, sowohl gegen die ihre als auch gegen die unsere. Zur Allgemeinheit gehören sie ebenso wie wir. Dementsprechend ist das Allgemeininteresse dasjenige, welches wir gemeinsam haben.

Welche der beiden Maximen historisch in verschiedenen Phasen maßgeblich gewesen ist, läßt sich schwer feststellen. Faktisch aber entspricht das Ergebnis wohl eher der zweiten Möglichkeit, und es gibt heute kaum noch jemanden, der ein soziales Verhalten oder gar den Sozialstaat insgesamt nur aus Gründen des Eigennutzes rechtfertigen wollen würde.

Daß der Staat nicht nur der Staat der Kapitalisten, sondern auch der der unter dem neuen Wirtschaftssystem leidenden Proletarier und Kleinbürger sei, war im 19. Jahrhundert letztlich nicht mehr zu bestreiten. Zwar gab es damals wie heute die Tendenz, den Staat möglichst für die wirtschaftlichen Interessen in Dienst zu nehmen. Daraufhin zur Verantwortung gezogen, hätte aber doch so leicht niemand hinter die Aufklärung zurückfallen und zu der Meinung stehen mögen, daß einige Menschen weniger zur Allgemeinheit gehören als andere. Die Einsicht, daß alle Menschen von Natur zunächst einmal gleich geboren seien und daß diese Gleichheit auch im staatlichen Zusammenleben gewahrt werden müsse, ist mittlerweile zur Grundlage des modernen Rechtsstaats geworden und war damals schon nicht mehr aufzuhalten.

Hinsichtlich der Rolle des Menschen in der Natur hat es bisher keine entsprechende Aufklärung gegeben. Ich plädiere dafür, der ersten Aufklärung über die Naturgleichheit der Menschen (ihr Gleichgeborensein) die weitere über unsere natürliche Verwandtschaft mit der übrigen Welt folgen zu lassen. Beiderlei Aufklärungen haben weitreichende, jedoch verschiedene politische Konsequenzen.

## *Das Gleichgeborensein der Mitmenschen*

Hinsichtlich der Natur eine zweite Aufklärung – oder die Vollendung der ersten – anzumahnen, mag diejenigen überraschen, denen es schon ganz selbstverständlich ist, daß alle Menschen gleichermaßen Menschen und insoweit Mit-Menschen sind, wohingegen dieselbe Gleichheit zwischen Menschen und anderen Lebewesen offenbar nicht besteht. Diese möchte ich zunächst daran erinnern, daß die Anerkennung aller Menschen als Mitmenschen bei weitem nicht so selbstverständlich ist, wie es den Gebildeten in den fortgeschrittenen Industriegesellschaften – wenigen Prozent der heutigen Menschheit – in der Regel vorkommen mag.

Insbesondere fällt die Anerkennung der Mitmenschlichkeit anderer Menschen dem aufgeklärten Bewußtsein, soweit wir es damit gebracht haben, vor allem deshalb relativ leicht, weil unsere Vorfahren die Menschen, die sie nicht als Mitmenschen anerkannten, sondern für »Wilde« hielten, zum großen Teil umgebracht haben. Wer sich der Ureinwohner in den verschiedenen Erdteilen erinnert, die von den Weißen ausgerottet worden sind, kann die mitmenschliche Aufgeklärtheit der Nachfahren jener Eroberer nur noch bedingt loben. Im Vergleich der damaligen Kolonisierung fremder Völker mit der heutigen der natürlichen Mitwelt zeigt sich wiederum, daß die (noch) nicht als Mitmenschen erkannten »Wilden« nicht nur zügellos von den Conquistadoren ermordet worden sind, sondern daß auch dieses Handeln mit einem dazu passenden und es legitimierenden Denken verschränkt war.

Daß Menschen, die unter vergleichsweise primitiven Bedingungen lebten, den Angehörigen von Kulturvölkern wild und sozusagen tierisch vorkamen, ist eine auch aus der Antike überlieferte Erfahrung, z.B. in der Beschreibung der Äthiopier durch den römischen Historiker Diodorus Siculus (1. Jh. v. Chr.) im dritten Buch seiner Bibliotheca Historica. Derartige Beobachtungen brauchen jedoch nicht auszuschließen, daß es Übergänge zwischen der Menschenwelt und der der Tiere gibt und die Unterschiede nur graduell sind. Die Eroberer, deren Interesse es war, die fremden Völker zu berauben und dabei möglichst kein schlechtes Gewissen haben zu müssen, sahen hier einen unversöhnlichen Gegensatz. Ich beziehe mich als Beispiel auf den Spanier Fernández de Oviedo (1478–1557), der zu seiner Zeit als Experte in Indianerfragen galt, viel gereist ist und als Chronist Karls V. eine Allgemeine und Naturgeschichte Westindiens in mehreren Dutzend Bänden geschrieben hat. Mario Erdheim hat sein Denken in einem lesenswerten Aufsatz (1988) in ein Verhältnis zu den damaligen Alternativen gesetzt.

Bei Oviedo heißt es über die Indianer: »So wie sie dicke Schädel haben, so tierisch und jeder Einsicht abgeneigt ist auch ihre Auffassungskraft« (1959, I.111). Für tierisch galt ihm insbesondere ihre nach seiner Meinung unbezähmbare Sexualität. Ein Kazike z.B., von dem er berichtet, soll dreißig Frauen gehabt haben, »aber nicht nur zum Gebrauch und zur Vereinigung, welche die Verheirateten natürlicherweise mit ihren Frauen pflegen, sondern zu anderen tierischen und schändlichen Sünden« (a.a.O. I.118). Überhaupt seien die Indianer in erster Linie einer exzessiven Sinnlichkeit verfallen: »Ihr hauptsächliches Streben war nämlich zu essen, zu trinken und zu schlemmen, ihre Wollust zu befriedigen, den Götzen zu dienen und vielen anderen tierischen Schmutzereien nachzugehen« (a.a.O. I.95).

Es gab auch theologische Dispute darüber, ob Indianer Menschen oder Tiere seien, und der Zweifel entsprach der spanischen Interessenlage. Was der Experte Oviedo seinem König über die Indianer berichtete, war diesen gegenüber zwar ziemlich abwegig, gleichwohl aber eine durchaus sachliche Beschreibung derjenigen »Merkwelt« (Uexküll), welche gerade zu der »Wirkwelt« paßte, die den Herrschaftsinteressen der spanischen Krone entsprach. Die Objektivität und Expertise seiner Beschreibung bestand in eben dieser Geschlossenheit und entspricht darin sogar der klassischen Naturwissenschaft, die ja – allerdings auf einem wesentlich höheren Niveau – ebenfalls dasjenige Bild von der Welt entwirft, in dem diese just dazu da ist, um in bestimmter Weise beherrscht zu werden.

Ob die klassische Naturwissenschaft – die Quantentheorie bietet ein anderes Bild – mehr über die Industriegesellschaft aussagt als über die Natur, mag hier dahingestellt bleiben. Auf der Hand liegt aber, daß Oviedos Schilderung der fremden Völker eher die Situation in Spanien als die in Westindien zu erkennen gibt. »Die Haltung gegenüber der fremden Kultur ist immer nur ein Spiegel der Haltung gegenüber den unterdrückten Bereichen der eigenen Kultur« (Erdheim 1988, 34). Statt den Sittenverfall im spanischen Adel zu kritisieren, widmete Oviedo diesem sogar einen anachronistischen Ritterroman, die »Schmutzereien« der Indianer aber beschrieb er als »tierisch«.

Wieweit dürfen derartige Gedanken, die sich mit den Kolonisierungsinteressen verschränkten, heute als überwunden gelten? Noch im vergangenen Jahrhundert wurden in Nordamerika Indianer als »Wilde« umgebracht und Sklaven gerichtlich als »Sachen« bewertet. Bis heute ist die Anerkennung aller Farbigen als Mitmenschen nicht überall vollzogen. Unter den Nachkommen der Sieger und derer, die das Gemetzel überlebt haben, ist die Mitmenschlichkeit aller Menschen auch sonst immer noch lange nicht anerkannt. Andere Rassen werden zwar in der Regel nicht mehr geradezu für tierisch gehalten, aber wie kommt es denn zu den rassischen Diskriminierungen in vielen Ländern, nicht nur in Südafrika, wenn nicht deswegen, weil viele Menschen immer noch meinen, daß andere Menschen *nicht* ebensogut Menschen seien wie sie, also entsprechend behandelt werden sollten? Und es sind ja nicht nur die anderen, sondern wir Deutsche sind es, unter denen noch in der jüngsten Vergangenheit Juden um ihrer Rasse willen umgebracht worden sind. Wir sind es, unter denen die bei uns lebenden Ausländer viel zu oft noch nicht uneingeschränkt als Mitmenschen akzeptiert werden. Wir sind es, unter denen eine Frau in der Regel immer noch mehr leisten muß als ein Mann, um als gleich qualifiziert zu gelten.

Die Gleichheit aller Menschen als Mitmenschen ist keineswegs so selbstverständlich, wie es in Lippenbekenntnissen scheinen mag, sondern selbst dieser kulturelle Fortschritt ist weitgehend noch gar nicht vollbracht. Dies wird wohl daran liegen, daß die Unterschiede zwischen verschiedenen Menschengruppen tatsächlich größer sind, als der aufgeklärte Mensch es in den entwickelten Industriegesellschaften gewöhnlich wahrhaben will. Der kulturelle Fortschritt, der hier teilweise schon geleistet und weitgehend noch zu leisten ist, besteht eben gerade darin, *trotz* der manifesten Verschiedenheiten in der Menschheit *dennoch* alle Menschen als Mitmenschen zu respektieren. Ohne dieses »dennoch« wäre hier auch gar kein Fortschritt, und die Mitmenschlichkeit brauchte nicht erst erkämpft zu werden.

Hinter rassistischen oder anderen Diskriminierungen von Völkern oder Bevölkerungsgruppen verbergen sich auch weiterhin oft wirtschaftliche Motive, die einen nicht am Reichtum der andern teilhaben zu lassen oder den andern ihren Reichtum zu nehmen. Um so mehr kommt es darauf an, derartigen Auseinandersetzungen den diskriminierenden Vorwand zu nehmen, hinter dem die wirklichen Motive versteckt werden. Es darf nicht sein, daß die tatsächlichen Verschiedenheiten zwischen Menschen, die aber keine Verschiedenheiten ihrer Menschlichkeit sind, ausgespielt werden, um Vorteile in der allgemeinen wirtschaftlichen Auseinandersetzung zu gewinnen.

Der von mir empfohlene Fortschritt in der Aufklärung würde also nicht darin bestehen, von der Anerkennung einer manifesten Gleichheit aller Menschen zu der Zumutung überzugehen, eine Art von Gleichheit – nämlich die der Verwandtschaft – nun auch noch in einem Bereich manifester Ungleichheit – der zwischen den verschiedenen Arten von Lebewesen – gelten lassen zu sollen. Sondern die Ungleichheit ist auch zwischen Menschen manifest und kann hier, weil sie uns näher stehen, sogar viel stärker empfunden werden als die zwischen Menschen und Tieren. Die Aufklärung besteht gerade darin, dennoch die Gleichheit zu sehen, soweit sie reicht, und daraus politische Konsequenzen für das menschliche Miteinander zu ziehen. Nicht wesentlich anders steht es mit dem zweiten Schritt, der Aufklärung über unsere natürliche Verwandtschaft mit der übrigen Welt. Hier brauche ich auf die Verschiedenheit nicht weiter einzugehen, sondern erklärungsbedürftig sind umgekehrt die Elemente der Gleichheit.

### *Naturgeschichtliche Verwandtschaft des Menschen mit der natürlichen Mitwelt*

Der moderne Mensch neigt dazu, sich für etwas Besseres als die Natur zu halten. Ob wir vom Affen abstammen, war deshalb im 19. Jahrhundert eine der Allgemeinheit sehr zu Herzen gehende Frage. Diese Auseinandersetzung ist inzwischen zur Ruhe gekommen. Einerseits stellte sich tröstlicherweise heraus, daß wir unser Dasein nicht gar so direkt auf das der Affen zurückzuführen brauchen, weil diese – von uns aus gesehen – nur eine Nebenlinie sind. Andererseits nimmt man die Herkunft zur Bestimmung der eigenen Identität in der demokratischen Gesellschaft überhaupt nicht mehr so ernst wie zu den Zeiten, als das Elternhaus noch die wesentlichste Determinante für den individuellen Lebensweg war und auf die Frage: wer bist du?, geantwortet wurde, wessen Sohn oder Tochter man sei. Vor allem aber hat sich herausgestellt, daß gegen die Abstammungslehre und die Einbeziehung des Menschen in die Naturgeschichte letztlich nichts zu sagen ist, weil sie zutrifft.

Zwar gibt es noch mancherlei ungeklärte Fragen, vor allem die, ob und für wen es ein Überlebensvorteil ist, sich im Kampf gegen andere egoistisch zu verhalten, und wieweit eher diejenigen überleben, die sich kooperativ zu den Ihren verhalten. Der zum Überleben Tauglichste überlebt, sonst wäre er nicht der Tauglichste. Welche Eigenschaften und Verhaltensweisen aber diese Tauglichkeit ausmachen, wissen wir noch nicht, zumindest sind die bisherigen Selektionstheorien hier wohl nicht das letzte Wort. Ungewißheiten dieser Art ändern jedoch nichts an der Evolutionstheorie, daß der Mensch aus der Naturgeschichte hervorgegangen ist und daß somit auch die menschlichen Kulturen es sind.

Was daraus folgt, ist eine viel weitergehende Frage. Ich möchte hier zunächst nur die einfache Tatsache festhalten, daß mit vielen

Millionen Arten von Tieren und Pflanzen auch die Spezies Homo sapiens in der Naturgeschichte steht. Stellen wir uns vor, um eine Anschauung von den zeitlichen Relationen zu bekommen, die Entwicklung des Kosmos habe erst vor einem Jahr begonnen, so gibt es die Erde seit zwei Monaten, die ersten größeren Lebewesen (Fische) seit zehn Tagen, die Säugetiere seit vier Tagen, ihre Ausbreitung seit dem Morgen des jetzt zu Ende gehenden Tags, die ersten Anfänge des Menschseins seit kaum einer Stunde, den Homo sapiens seit fünf Minuten, Kriege (die es angeblich »immer« gegeben hat) seit einer halben Minute und die neuzeitliche Welt seit einer Sekunde. Tiere und Pflanzen also sind unsere naturgeschichtlichen Verwandten. Zeitlich sind wir Neuankömmlinge, und unsere nächsten Angehörigen sind die Säugetiere. Unter ihnen stehen uns die höheren Tiere am nächsten.

Im vergangenen Jahrhundert hatten Feststellungen dieser Art meist die Tendenz, daß auch der Mensch »nichts als« Materie, Gefühle nichts als chemische Reaktionen, Krankheiten nichts als technische Störungen seien. Eine neuere Variante dieser Nichts-als-Erklärungen ist die heutige Soziobiologie (Dawkins 1978, Wilson 1980). Nun sind es die Gene im menschlichen Erbgut, welche das Nichts-als hergeben sollen, indem alles Leben nichts als ein Erhaltungskampf der Gene sei und Organismen nichts als ihre Überlebensmaschinen. Wie ihre materialistischen Vorgängerinnen erweist sich auch diese Theorie schnell als ein Gesellschaftsbild, das zwar biologische Tatsachen integriert, jedoch weder die Biologie umfaßt, noch aus ihr abgeleitet werden kann. Insbesondere ist es biologisch ganz offen, wie und wieweit menschliche Eigenschaften überhaupt Genen zugeordnet werden können, so daß die Theorie nicht einmal die von ihr beanspruchte biologische Basis hat. Interessant daran ist aber in jedem Fall, warum ein wissenschaftsbezogenes Ideologem dieser Art in der Öffentlichkeit eine so erstaunlich große Resonanz hat. Der Grund scheint zu sein, daß hier ein egoistisches Menschenbild propagiert wird, das manche sich gern in einer szientifizierten Form bestätigen lassen und mit einem entsprechend reduzierten Naturbild verbinden möchten.

So also meine ich es nicht. Eigentlich finden diese materialistischen Weltbilder auch in der Wissenschaft schon längst keine Stütze mehr, denn die Materie ist in der Quantentheorie ihrerseits als eine Erscheinung immaterieller Strukturen erkannt worden. Umgekehrt wird in der Regel nicht mehr bestritten, daß Menschen organisch materielle Systeme sind. Keiner, der von der naturwissenschaftlichen Medizin schon einmal Hilfe erfahren hat, kann hinter diese Einsicht zurück. Die Physiologie des menschlichen Verhaltens zeigt außerdem, daß unser Bewußtsein und unsere Gemütslagen eine materielle Wirklichkeit haben und darin zu beeinflussen sind.

Einsichten dieser Art bedeuten jedoch nicht, daß unser gesellschaftliches und sittliches Menschenbild bereits mit der wissenschaftlichen Erfahrung unserer Naturzugehörigkeit übereinkäme. Solange wir gesund sind, lassen wir am liebsten nur das eine gelten, wenn wir krank sind, notgedrungen das andere; ihr Zusammenhang aber bleibt so offen wie der von Krankheit und Gesundheit. Dies zeigt sich in der Krise der Medizin, und es zeigt sich gleichermaßen in der Umweltkrise. Wir haben noch nicht verstanden, wie wir leiblich in diese Welt gehören, sonst würden wir nicht so viel kaputtmachen, in der Wahrnehmung der Natur und in der unserer eigenen Leiblichkeit. Um dies besser zu verstehen, können wir nun von den materialistischen und mechanistischen Prätentionen der Wissenschaftsideologen des 19. Jahrhunderts und ihrer heutigen Nachfolger absehen, dürfen aber nicht hinter den Stand der Wissenschaft zurückfallen.

Das heißt: *Unser Dasein ist leiblich.* Noch immer hören die meisten Menschen diese vier Worte wie fünf, so als stünde obendrein ein »bloß« dazwischen und als solle gesagt sein, unser Dasein sei *bloß* leiblich. Dieser Einschub wird dann im Gegenzug durch den anderen ersetzt, unser Dasein sei »nicht nur«, jedoch »auch« leiblich, und schon fallen die beiden Welten wieder auseinander, deren Verbindung heute zu einer Existenzfrage geworden ist. Die Einschübe sind Rückfälle aus Furcht vor einer Abwertung des Menschen, aber die Furcht ist unbegründet, denn der Leib selber ist sozusagen nicht »bloß« leiblich. Sagen wir nur: Unser Dasein ist leiblich, so ist damit nämlich nicht nur gesagt, daß der Mensch seiner Natur nach zu den Säugetieren gehört (was das Selbstbewußtsein der meisten Menschen anficht), sondern auch: *Die Natur des Ganzen ist in uns Mensch geworden,* und dies könnte naturgeschichtlich eigentlich eine besonders schöne und vielversprechende Entwicklung sein. Der Satz: Unser Dasein ist leiblich, muß also in zwei Richtungen verstanden werden.

Bleiben wir zunächst bei der letzteren, so ist damit gesagt: Im Ursprung der Welt lag die Chance des Lebens. Es kam zur Materialisation von Himmelskörpern, einer von ihnen ist unser Planet. Zu denen, die noch nicht erkaltet sind, gehört unsere Sonne, viele andere sehen wir des Nachts am Firmament. Kraft des Sonnenlichts entstanden auf der Erde die Anfänge des organischen Lebens. Durch Photosynthese bildete sich ein Sauerstoffmantel, in dem auch höhere Organismen leben konnten. Dies alles währte mehr als elfeinhalb Monate des bisherigen Weltjahrs, aber nun war alles bereit für die Entwicklung von Lebewesen. Die ersten Fische entstanden, dazu die Landpflanzen, Insekten, Amphibien, Reptilien, Dinosaurier und die ersten Säugetiere. Danach kamen die Vögel und die ersten Primaten. Die Dinosaurier verschwanden wieder, die Säugetiere breiteten sich aus. Schließlich entstand der Mensch, und dann gab es, weltgeschichtlich gerade eben erst, vor einer Sekunde im ersten Weltjahr, in einem wunderbaren Moment ein großes Ereignis: *Homo sapiens, der Letztentstandene, richtete sich auf, wandte den Blick auf das Ganze und sprach es an als das, was es ist: als Kosmos, als ein kraft der Sonne in Schönheit Geordnetes, als ein Werk der Natur.*

Dies war der Anfang unserer Kultur in der Sonnenreligion Ägyptens und in der Klarheit des griechischen Geistes. Welch ein weltgeschichtliches Ereignis! Eines dieser vielen Millionen Lebewesen, welches die Naturgeschichte hervorgebracht hat, eines, das von Natur mit Vernunft ausgestattet ist, läßt die Natur des Ganzen, des Kosmos, aus seiner eigenen Natur oder seinem Wesen so zu Wort kommen, daß es sie anspricht als: *Phýsis*, lateinisch später als *Natur*, als das Sein im Ganzen und in allem, was zu diesem gehört, weil es ist. War es nicht die Natur selber, die, in uns Fleisch geworden, hier zu sich sprach und sich selbst erkannte? *Im Menschen kommt die Natur zur Sprache.*

Natur, die Lebenskraft in allem, erkannte sich durch uns auch in unserer Mitwelt wieder, in Tier und Blume, Baum und Stein. Wir sind es, die ihnen Namen gegeben haben und sehen können, wie das Ganze in ihnen erblüht oder lebendig wird und wie sie in die Welt gehören oder ihren Eigenwert im Ganzen haben. Die Welt wäre weniger gut und im Sinnlichen weniger schön, wenn es keine Sonnenblumen und keine Schildkröten, keine Birken und keine Schmetterlinge, keinen Wind, keine Sonne, keine Wolken und kein Meer gäbe. Wir sind es aber auch, die sehen können, daß nicht alles gut ist, was entstanden ist. Zwar hat fast alles Leben irgendwo sein Gutes, aber eine Welt ohne Pocken- und Malariaerreger wäre doch wohl wirklich besser als eine Welt mit ihnen. Und wir sehen auch sonst, daß durch uns in der Welt manches schöner werden kann, als es ohne uns wäre.

War nicht die Artenvielfalt, wie sie in Mitteleuropa noch am Anfang des 19. Jahrhunderts bestanden hat, eine Folge der Landwirtschaft, als diese noch Agri-Kultur war? Ohne uns hätte es in dem hiesigen »Buchenklima« statt der Äcker und Heiden, Wiesen und Weiden nur ein ziemlich eintöniges Waldland gegeben. Also kann eine Welt mit Menschen doch wohl schöner sein als eine Welt ohne Menschen? Auch mit uns ist es die *Natur*, die sich entwickelt, denn *wir sind von Natur*; aber mit uns kann manches besser gelingen als allein mit den Elementen und den anderen Lebewesen, vor allem in der Kunst.

Wir Menschen sind von Natur durch so vielerlei Fähigkeiten begabt, daß es unserem Selbstbewußtsein nicht im mindesten Abbruch zu tun braucht, auch den anderen Lebewesen und den Elementen ihren Eigenwert im Ganzen zuzuerkennen. Die Naturgeschichte könnte sogar darauf angelegt sein, sich in uns so zu erfüllen, daß wir es tun. Eine Bedingung dafür ist unsere eigene Naturzugehörigkeit, die Leiblichkeit unseres Daseins. Sie hat die Form, daß wir selbst eines der höheren Lebewesen sind und als Säugetiere so sind wie andere. Dies ist die andere Richtung, in der die Feststellung, daß unser Dasein leiblich ist, nun auch gilt. Wir sind besondere Lebewesen, so besondere, daß wir in naturgeschichtlich nie gekannter Weise zugleich Verantwortung, Hoffnung und Bedrohung in die Welt bringen. Aber wir selbst sind zugleich Lebewesen wie andere.

In unserem Handeln gilt es also die Gemeinsamkeit und die Besonderheit gleichermaßen zu berücksichtigen. Die Besonderheit in der Gemeinschaft der Lebewesen ist augenscheinlich, die Gemeinsamkeit mit den andern ist uns bisher nicht hinreichend bewußt. So war es auch im mitmenschlichen Verhältnis zwischen verschiedenen Menschenrassen, Kulturen, Völkern und Geschlechtern, bis das Christentum und später die Aufklärung die Einsicht brachten und befestigten, daß alle Menschen ungeachtet ihrer manifesten Verschiedenheiten doch gleichermaßen Menschen, also Mit-Menschen sind. Hinsichtlich unserer naturgeschichtlichen Verwandten, insoweit sie nicht Menschen sind, steht dieser Fortschritt noch aus. Natürlicherweise kann er nicht darin bestehen, uns zu ihnen allen, die keine Menschen sind, nun zu verhalten wie zu Menschen. Sonnenblumen sind keine Menschen, und Elefanten sind es auch nicht – es würde sogar der Würde ihres Daseins widersprechen, sie wie Menschen zu behandeln, so gut dies gemeint sein mag. Gleichwohl gibt es Übereinstimmungen, und der elementarste Grundsatz aller Gerechtigkeit, das Gleichheitsprinzip, darf auch hier nicht verletzt werden. Es besagt, Mehreres gleich zu behandeln, soweit die Gleichheit reicht, und verschieden, soweit Verschiedenheit besteht.

Für Menschen wurde die Gleichheit in der Aufklärung als das Gleichgeschaffensein, das »created equal« der amerikanischen Unabhängigkeitserklärung, erkannt. In diesem Verständnis beruht auch der moderne Staat auf der Anerkennung einer Gleichheit der Individuen im »Naturzustand«, vor aller gesellschaftlichen Verschiedenheit gleichermaßen von Eltern gezeugt und von einer Mutter geboren zu sein. Hinsichtlich unserer naturgeschichtlichen Verwandten kann es im wesentlichen bei dem Prinzip des Gleichgeborenseins bleiben, nur eben nicht als Menschen, sondern im Sinn des *Gleichermaßen*-Geborenseins im weitesten Verständnis der Naturzugehörigkeit schlechthin, des Hervorgegangenseins aus der Naturgeschichte. Diese ist das den Menschen und den anderen Lebewesen, Tieren und Pflanzen, sowie den Elementen allen Gemeine, die Allgemeinheit, in der sie gleichermaßen stehen. In dieser Allgemeinheit sind unsere naturgeschichtlichen Verwandten, die Tiere und die Pflanzen, gemeinsam mit Landschaften, Meeren, Luft und Licht unsere *natürliche Mit-Welt*, so wie Menschen in der menschlichen Allgemeinheit, der Menschheit, unsere *Mit-Menschen* sind.

Zwischen Menschen und bestimmten Teilen der natürlichen Mitwelt besteht außerdem noch ein weitergehendes Gleichgeborensein als die gemeinsame Gehörigkeit zum Ganzen der Natur. Es sind die höheren Tiere, die mit uns unter all unseren naturgeschichtlichen Verwandten am ehesten zur selben Familie gehören. Dies ist auch emotional leicht nachvollziehbar. Niemand kann einem Pferd oder einer Kuh, einer Katze oder einem Reh, vor allem aber einem Affen ins Auge sehen, ohne von einem gewissen Gefühl der Verwandtschaft beschlichen zu werden.

Nach den erkennbaren Gleichheiten und Verschiedenheiten ist es nicht nur gerechtfertigt, sondern sogar geboten, verschiedene Lebewesen verschieden zu behandeln: Hunde anders als Katzen, höhere Tiere anders als Insekten, Bäume anders als Farne. Dementsprechend kommen den verschiedenen Lebewesen auch in einer Rechtsgemeinschaft der Natur keineswegs gleiche Rechte zu. Die sich in uns mehr oder weniger bildenden Verwandtschaftsgefühle sind eine Hilfe, zum anderen Lebewesen dabei jeweils in ein Verhältnis wie zu uns selbst zu treten, soweit nämlich die Übereinstimmung reicht, und dadurch den Gleichheiten wie den Verschiedenheiten von uns aus gerecht zu werden. Möglicherweise ist der Mensch, soweit er in Selbsterkenntnis von sich Abstand nehmen kann, sogar ein Lebewesen, das anderen in ihrer Eigenart besonders gerecht werden könnte: der Katze als Katze, der Linde als Linde und auch dem Granit als solchem – ihnen allen in der Würde ihres eigenen Daseins. Am meisten entfaltet haben wir diese Fähigkeit bisher in der Kunst, am wenigsten in der industriellen Wirtschaft.

Es gehört zum Wesen des Menschen, gerade das ganz schlecht machen zu können, was er besonders gut machen könnte. Die erstaunliche Fähigkeit, die Natur selber in sich zur Sprache kommen zu lassen und andere in ihrem eigenen Sein anzusprechen, verkehrt sich dann in ihr Gegenteil, alles nur vom eigenen kleinen Ich her wahrzunehmen. »Mit allen Augen sieht die Kreatur das Offene. Nur unsre Augen sind wie umgekehrt und ganz um sie gestellt als Fallen, rings um ihren freien Ausgang.« Darüber aber kann uns gerade die Begegnung mit der natürlichen Mitwelt hinweghelfen. Ein Mensch war es, Rainer Maria Rilke, der diese Verse geschrieben hat, in der achten Duineser Elegie. Rilke fuhr fort: »Was draußen ist, wir wissen's aus des Tiers Antlitz allein.« Die Menschheit ist nicht das Ganze, und die natürliche Mitwelt ist es auch nicht, aber es kann sich uns im Erleben des Mitseins offenbaren.

## Natur, Kultur und Artefakte

Was ich die natürliche Mitwelt nenne, heißt umgangssprachlich meistens »die Natur«, allerdings ohne Rücksicht auf ihr Mitsein und nur im Sinn der grünen Welt, die man vor dem Fenster hat oder dort vermißt. Gerade das, was in der Welt nicht wir Menschen sind, als Natur zu bezeichnen, hat eine lange Tradition. In ihr steht auch die Entgegensetzung von Natur und Kultur in dem Sinn, daß die menschlichen Errungenschaften in der Welt, insbesondere die Kultur, dem eigentlichen Weltlauf erst abgerungen werden müßten.

Mit der Natur das Andere zu meinen, gegenüber dem Menschen

sich behaupten mußten, um ihren eigenen Lebensraum zu finden, wird aus der menschlichen Ausbreitungsgeschichte mühelos verständlich. Eine sprachgeschichtliche Erinnerung daran ist, daß das indogermanische Wort »rûm« (Raum) auf das Räumen zurückgeht, das Freimachen anderer Lebensräume, z.B. für eine menschliche Ansiedlung. Inzwischen hat die Menschheit die Erde für ihre Bedürfnisse aber so weit von ihren mitweltlichen Gestaltungen und Lebensformen geräumt, daß der Lebensraum des Menschen übergroß geworden ist. Die Frage ist jetzt vielmehr umgekehrt, wieweit beim jetzigen Stand der menschlichen Selbstbehauptung auch die anderen Lebewesen noch Raum auf der Erde finden. Es ist schon lange nicht mehr die Natur, die uns bedroht, sondern wir sind es, die sie bedrohen. Der veränderten Situation entsprechend, müssen wir sie und uns anders verstehen.

Wir finden aus dem bedrohlichen Funktionskreis, in dem wir uns bewegen, wiederum nur dann heraus, wenn wir mit dem falschen Handeln, das sich in der Gefährdung der Lebensgrundlagen zeigt, auch das mit ihm verschränkte Denken aufgeben. Hierzu gilt es zunächst eine Unterscheidung zu treffen, auf die es in der früheren Geschichte nicht ankam, nämlich die (1) des Ganzen, zu dem wir Menschen und die übrige Welt gleichermaßen gehören, von (2) dieser übrigen Welt. Solange es nur relativ wenige Menschen gab und die Erde insgesamt noch nicht sonderlich nach Mensch aussah, war es für das menschliche Handeln nicht wichtig, das Ganze, zu dem auch wir gehören, von der nichtmenschlichen Welt zu unterscheiden. Inzwischen aber hat sich die Lage gänzlich verändert.

In den großen Weltreligionen und im Geist einiger großer Philosophen war eigentlich schon längst die Unterscheidung getroffen, daß die Menschheit sich zwar gegen andere Lebewesen und Unwirtlichkeiten der Erde durchsetzen mußte, keineswegs aber gegen das Ganze, im Gegenteil: Die Menschheit sollte dazugehören und im Interesse des Ganzen in ein bestimmtes Verhältnis zur übrigen Welt treten. So lehrt die alttestamentliche Schöpfungsgeschichte, daß Menschen über ihre Mitgeschöpfe (ihre natürliche Mitwelt) Herrschaft ausüben und dafür dem Schöpfer zur Rechenschaft verpflichtet seien. Mit anderen Worten: Wir dürfen und sollen in die Welt eingreifen, sind dafür aber in bezug auf das Ganze verantwortlich.

Ich nenne dieses Ganze, das Eine in allem, *die Natur*, und diejenigen, die mit uns zum Ganzen gehören, die *natürliche Mitwelt*. Hier die richtigen Begriffe und Unterscheidungen zu bilden, ist in der Umweltkrise lebensnotwendig. Verstünden wir nämlich unter der Natur immer noch das, was ich die natürliche Mitwelt nenne, so

– bliebe unsere eigene Naturzugehörigkeit weiter ausgeblendet. In der Geschichte der Industrialisierung hat eben dies entscheidend dazu beigetragen, daß die eigene Mitbetroffenheit durch die Zerstörung der Lebensgrundlagen nicht eher zum Handeln geführt hat und wir uns gegenüber der übrigen Welt so falsch verhalten haben wie gegenüber den »Wilden« in der Kolonialzeit, nämlich ohne Rücksicht auf ihr Mitsein zu nehmen;

– würden wir unser Denken und Handeln in kein vernünftiges Verhältnis zum Ganzen mehr setzen, weil uns dafür jenseits religiöser Vorstellungen der Begriff fehlte. Dieses *Ganze*, das mehr ist als die Summe seiner Teile, der Menschheit und der natürlichen Mitwelt, nämlich *die lebendige Ordnung des Alls*, nenne ich *die Natur*, das Eine in allem, in Tieren und Pflanzen, in Bergen und Flüssen, im Meer und im Wind. Diese alle *gehören* zur Natur, weil sie *kraft* der einen Natur sind, was sie sind; aber sie alle sind nicht selber *die Natur*.

Sowohl zur *natürlichen Mitwelt* als auch zu der *einen Natur* gilt es in der Umweltkrise ein neues und als Lebensbedingung noch nie dagewesenes Verhältnis zu finden. Ihre Unterscheidung erlaubt, die Fragen so zu stellen, daß neue Antworten handlungsleitend werden können. Es geht also um zwei verschiedene, wenn auch zusammenhängende Fragen. Dabei werde ich vielfach vom *Ganzen der Natur* statt von *der* (einen) Natur sprechen, um dem Leser die Unterscheidung von der natürlichen Mitwelt zu erleichtern.

Die eine Frage ist, wie wir uns in bezug auf das Ganze verhalten sollen, wie wir dazugehören und was zu tun und zu lassen sich für uns in dieser Zugehörigkeit gehört. Daß diese Frage (wieder) gestellt wird, ist mir wichtiger als meine Antwort, aber ich kündige auch diese bereits an. Sie lautet im vierten Kapitel, daß kein Gegensatz zwischen Natur und Kultur besteht, sondern die *Kultur der menschliche Beitrag zur Naturgeschichte* ist. Damit meine ich sowohl die Kunst als auch die politische und rechtliche Kultur, sowie den Rahmen, welcher der Wirtschaft gesetzt sein muß, damit ihre Regeln im Einklang mit dem Ganzen – der Natur – stehen, z.B. in der Agri-Kultur. Wenn wir in diesem umfassenden Sinn Kultur in die Welt bringen, wird eine Welt mit Menschen schöner und besser sein als eine Welt ohne Menschen. Es war ein Mißverständnis, daß der Mensch nur auf Kosten der Schöpfung Schöpfer sein kann. Er soll es um der Schöpfung willen sein.

Die andere Frage lautet, wie wir uns in bezug auf die natürliche Mitwelt verhalten sollen. Auch hier kommt es mir vor allem darauf an, daß diese Frage neu gestellt und somit die bisher in der Industriegesellschaft geltende Antwort, die nicht-menschliche Welt sei nichts als ein Vorrat von Ressourcen zur Selbstverwirklichung des Menschen, nicht mehr unbedacht akzeptiert wird und handlungsleitend ist. Gleichwohl kündige ich auch hier meine Antwort schon an. Sie lautet im vierten Kapitel, daß wir den Eigenwert der natürlichen Mitwelt im Ganzen der Natur kultivieren und insoweit steigern sollen. Der Zusatz »im Ganzen der Natur« hat in meinen *Wegen zum Frieden mit der Natur* noch gefehlt, ist für die Praktikabilität des Ansatzes aber entscheidend.

Ist Kultur der menschliche Beitrag zur Naturgeschichte, so sollte sie den Maßstab dafür abgeben, wieweit die menschliche Prägung der Welt, wie sie heute ist, zur natürlichen Mitwelt gehören soll oder nicht. Ohne lange zu überlegen, würde man vielleicht einen Baum jedenfalls zur natürlichen Mitwelt rechnen, ein Haus nicht und bei einem Haustier danach gehen, wie überzüchtet es wirkt. Alle drei aber haben gemeinsam, daß sie menschlich geprägt sind, wenn auch nicht gleichermaßen. Beim Baum gilt dies zunächst für den Standort; der »deutsche Wald« ist eine von G.C. Hartig, H. Cotta und anderen geprägte Kulturlandschaft, und es gibt in Mitteleuropa überhaupt kaum noch einen Baum, der nicht an seinem Ort von Menschen gebilligt, wenn nicht gar gepflanzt worden ist. Hinzu kommt, daß hierzulande viele exotische Bäume stehen, die eigentlich – unabhängig von menschlichen Bedürfnissen – nicht hierher gehörten. Verdienen sie trotzdem, hier zur *natürlichen* Mitwelt gerechnet zu werden?

Was das Haustier angeht, so wäre es wohl auch etwas willkürlich, einige Züchtungen wie den Schäferhund und das Schaf als natürliche Mitwelt gelten zu lassen, andere wie den Pudel und das extralange Schwein, welches auf vier Beinen durchhängt, hingegen nicht. Auch das dritte Beispiel, das Haus, ist nicht so einfach, wie es zunächst aussieht. Wenn es aus Bäumen, Steinen, Lehm oder sonstigen Materialien der näheren Umgebung gebaut ist, kann es dieser ähnlicher sein als der Pudel dem Wolf. Auch hölzerne Haustüren können sehr nach dem Baum aussehen, aus dem sie gemacht sind, sogar als Werke einer Holzkultur, in der Bäume mit Hilfe des Menschen sozusagen über sich hinauswachsen. Diese Gestaltung sollte der Natürlichkeit, wenn Kultur der menschliche Beitrag zur Naturgeschichte ist, nicht entgegenstehen.

Generelle Zuordnungen oder Ausgrenzungen, was und was nicht zur natürlichen Mitwelt gehören soll, erweisen sich also als problematisch. Eine puristische Lösung wäre es, überhaupt nur die vom Menschen *unberührte Mitwelt* als natürlich gelten zu lassen. Dann wäre dieser Begriff aber in den Handlungszusammenhängen, für die in der Mitweltkrise neue Orientierungen gebraucht werden, keine Hilfe, denn uns interessiert die Mitwelt ja gerade dort, wo wir es mit ihr zu tun haben und uns fragen, wie dies richtigerweise geschehen sollte, und nicht dort, wo wir es nicht mit ihr zu tun haben. Zwar gibt es in Mitteleuropa auch noch natürliche Lebensgemeinschaften in dem Sinn, daß sie hier auch leben würden, wenn es keine Menschen gäbe, z.B. in den Dünen, im Wattenmeer und in Wattwiesen, an den Ufern von Süßwassergewässern, im Hochgebirge, in Schluchtwäldern und auch in Buchenwäldern, soweit sie sich selbst erneuern. Im wesentlichen aber sind sogar die meisten Naturschutzgebiete eigentlich von Menschenhand geprägte Landschaften.

Das andere Extrem wäre, die gesamte Sinnenwelt natürlich zu nennen. Natürlichkeit würde dann aber nicht nur von der unberührten Mitwelt bis hin zu Haustüren und Holzhäusern reichen, sondern auch Müllhalden, Motorflugzeugen und Hochspannungsleitungen attestiert werden müssen, was merkwürdig klingt. Für diesen Ansatz spricht gleichwohl, daß wir uns mit der natürlichen Mitwelt dann jedenfalls dort beschäftigen, wo wir es mit ihr zu tun haben. Überall in der Sinnenwelt sehen uns die Reichtümer und Hervorbringungen der Natur an: Tiere und Pflanzen, Pflanzliches wie Holz, Tierisches wie Leder, Steine, Metalle, Glas und sogar in den Kunststoffen die Naturprodukte, aus denen sie gemacht worden sind. Sie sind eine gesellschaftliche Wirklichkeit unserer natürlichen Mitwelt, die zivilisatorische Form, in der wir es mit ihr zu tun haben.

Sind dann eigentlich der Stein oder der Ton, die einmal in der Erde waren und uns nun aus der Mauer eines Hauses ansehen, in der sie zum Material geworden sind, unsere natürliche Mitwelt, jedoch nicht die Mauer? Der Baum, der um der Bretter willen gefällt worden ist, aus denen die Haustür besteht, jedoch nicht die Bretter und die Tür? Die Wildpflanzen, die zu Getreide gezüchtet worden sind und uns aus diesem ansehen, jedoch nicht ihre Nutzförmigkeit im Getreide? Das Tier, welches in dem Nutztier lebt, das nur noch Fleisch bilden soll und nicht einmal mehr laufen kann, jedoch nicht dieses überzüchtete Lebewesen selbst? Dann ergäbe sich wieder, daß eigentlich der Wolf natürliche Mitwelt ist und nicht der Hund; die wilden Gräser und nicht das Getreide; die Wildnis und nicht die Parklandschaft, und so verschöbe sich das Problem erneut dorthin, wo wir es nicht haben.

Wir dürfen nicht nachlassen, die natürliche Mitwelt gerade dort zu suchen, wo wir sie nicht finden, oder wo sie uns nur noch traurig ansieht aus dem, was wir aus ihr gemacht haben. Sie sieht uns in einer Parklandschaft anders an als in einem Industriegebiet, in einer hölzernen Tür anders als in einer Spanplatte und in einem Ziegelhaus anders als in einem Betongebäude. Gerade das, was wir aus der übrigen Welt gemacht haben, dürfen wir nicht aufhören, zur Natur rechnen zu wollen, denn sonst würden wir uns von der Fragwürdigkeit unseres Handelns zu entlasten suchen. Die mit Hormonen gefütterten Kälber dürften deshalb nicht umgebracht, sondern sollten – um das Unrecht wieder möglichst gutzumachen – besonders gepflegt werden, bis sie eines natürlichen Todes sterben. Daran, daß dies nicht geschieht, sieht man, wie wenig sich die heutige Umweltpolitik vom herrschenden Industrialismus unterscheidet.

Der Unterschied, der zwischen dem normalen und dem überzüchteten Schwein, einer kultivierten und einer zerstörten Landschaft zu machen ist, betrifft die Zulässigkeit, uns in der betreffenden Weise in ein Verhältnis zum Ganzen zu setzen. Wo wir uns nicht zu schämen brauchen, etwas, das menschlich geprägt ist, dennoch als natürliche Mitwelt anzusprechen, haben wir Kultur in die Welt gebracht. Der Gewissensfrage entgehen wir nicht dadurch, daß wir dort, wo unser Handeln zweifelhaft geworden ist, den Maßstab abzuschaffen. Im Gegenteil: Dort gilt es am allermeisten zu sehen und wiedergutzumachen, was wir der natürlichen Mitwelt im Ganzen der Natur angetan haben.

Mir ist auch hier die Frage wichtiger als die Antwort. Daraus, daß etwas zerstört worden ist, folgt noch nicht, daß dies nicht hätte geschehen dürfen. Auch wenn ein Haus naturnah gebaut wird, müssen Bäume ihr Leben lassen oder Steine zerschlagen werden. Damit eine Skulptur aus Stein oder Metall entstehen kann, wird die Erde aufgerissen und verletzt. Wenn Kultur der menschliche Beitrag zur

Naturgeschichte ist, kann die Welt nicht so bleiben sollen, als wenn es keine Menschen gäbe. So richtig es ist, in der Umweltkrise dem Überschwang der Veränderung die möglichst weitgehende Enthaltsamkeit von den bisherigen Zerstörungen entgegenzusetzen: Uns so zu verhalten, als wären wir nicht da, scheint mir keine Lebensregel zu sein, die den Sinn des menschlichen Lebens trifft. Wieweit aber dürfen wir um den Preis anderen Lebens leben? Wofür sind wir verantwortlich und wo beginnt die Hybris? Wo scheiden sich Kultur und Zerstörung? Diesen Fragen und den Antworten, die darauf gegeben werden können, sind die beiden folgenden Kapitel gewidmet.

# 3
# Verantwortung für die Natur

Der Begriff Verantwortung stammt aus dem Rechtsleben. Ein Mensch muß für das einstehen, was er getan hat, und wird dafür gegebenenfalls zur Rechenschaft gezogen. Zur Rede gestellt, muß er dann – selbst oder durch einen, der für ihn spricht – ver-antworten, was er getan und was er sich dabei gedacht hat. Das deutsche Wort »Verantwortung« ist erst im Mittelhochdeutschen gebildet worden, in den ersten Jahrhunderten dieses Jahrtausends, als Übertragung der lateinischen *responsio* im Sinn einer Antwort vor Gericht.

Verantwortlich sind Menschen nicht nur einzeln oder gemeinsam gegenüber anderen, sondern Verantwortlichkeit ist auch zum Strukturprinzip des modernen Rechtsstaats geworden (Saladin 1984). Der Gedanke, für den Gebrauch politischer Macht zur Verantwortung gezogen werden zu können, liegt insbesondere dem Prinzip der Gewaltenteilung zugrunde. Dies kommt bei Montesquieu, der die Gewaltenteilung (1748) als Kontrolle im Sinn eines Kräftegleichgewichts dachte, weniger deutlich zum Ausdruck als ursprünglich bei Locke (1690), dessen Grundgedanke die Rechenschaftspflicht von Amtsträgern war. Die den modernen Rechtsstaat prägende Konsequenz aus dem Lockeschen Gedanken ist, daß jeder, der Macht hat, für den Umgang mit ihr zur Verantwortung gezogen werden können soll.

Wie man dieser Verantwortung am ehesten gerecht wird, war der Gegenstand einer klassischen Kontroverse, die auch für den verantwortlichen Umgang mit der natürlichen Mitwelt von Bedeutung ist. Edmund Burke und Henry Cruger waren 1774 als Abgeordnete von Bristol ins englische Parlament gewählt worden und bedankten sich dafür bei ihren Wählern, so wie dies auch heute noch geschieht, jedoch in einem entgegengesetzten Verständnis des ihnen erteilten Auftrags. Cruger erklärte seinen Wählern, er wolle sich als ihr Diener verstehen, ihrem Willen unterworfen und ihnen gegenüber bei all seinen öffentlichen Handlungen verantwortlich. Burke entgegnete darauf, wenn ein Abgeordneter gewählt sei, vertrete er im Parlament nicht nur seinen Wahlkreis, sondern sei dem ganzen Volk verantwortlich. »Ein Parlament ist kein *Kongreß* von Gesandten verschiedener und miteinander verfeindeter Interessen[ten], deren unterschiedliche Interessen jeder als dessen Agent und Anwalt gegenüber anderen Agenten und Anwälten zu verteidigen hat. Ein Parlament ist vielmehr die *beratend*-abwägende Versammlung *einer* Nation, mit *einem* Interesse, dem des Ganzen« (Steffani 1981, 113).

Beide Abgeordnete bekannten sich dazu, Verantwortung übernommen zu haben, aber Cruger verstand darunter die Rechenschaftspflicht gegenüber seinen Wählern, Burke die Verantwortung für die Sache, für das Land; diese wollte er wahrnehmen und sich dafür dann später gegebenenfalls natürlich auch vor seinen Wählern rechtfertigen, jedoch nur sekundär und im Nachhinein. In der Praxis hat sich – verfassungswidrig – bisher eher die Crugersche Auffassung durchgesetzt. Die meisten Politiker handeln nicht primär aus der Verantwortung für die Sache, das Land, sondern orientieren sich in ihrem Handeln statt dessen an der Rechtfertigung gegenüber Personengruppen, von denen sie unterstützt zu werden wünschen. Wer aber hatte recht, Cruger oder Burke?

Die beiden Varianten der Verantwortung unterscheiden sich so, daß im einen Fall die Verantwortung *für sich selbst*, die Rechenschaftspflicht für das eigene Handeln betont wird, im anderen die *für andere und anderes*, für die Verantwortung wahrzunehmen ist. Dabei ist die Verantwortung für sich selbst auf die *Vergangenheit* hin orientiert, auf das eigene Handeln, denn dieses ist ja erst dann zu verantworten, wenn es nicht mehr zur Wahl steht, also bereits geschehen ist. Demgegenüber betrifft die Verantwortung für andere und anderes die *Zukunft*, das künftige Handeln, insoweit es dieser Verantwortung gerecht werden soll. Diese Verantwortung wiederum besteht nur so lange, wie das Handeln noch bevorsteht – danach hat man sie mehr oder weniger gut erfüllt bzw. verfehlt.

Es bedarf also keiner generellen Entscheidung zwischen den beiden Arten von Verantwortung. Sie entsprechen der Struktur der Zeit und haben beide ihre Berechtigung. Vorrangig ist jedoch die *Zukunftsverantwortung für andere und anderes*, denn sie liegt der *Vergangenheitsverantwortung* für sich selber voraus, und diese kommt überhaupt nur dann zum Tragen, wenn man jener nicht gerecht geworden ist. Ich unterscheide deshalb die eine als Verantwortung im eigentlichen Sinn von der anderen als Rechenschaftspflichtigkeit. Die letztere ist sprachgeschichtlich die ältere, und auch die philosophische Ethik hat sich in der Neuzeit in erster Linie dafür interessiert, wie Menschen handeln sollten, um mit sich selber im reinen zu sein, mit der inneren Stimme der Vernunft oder des Gewissens – so als sei es das Ziel unseres Handelns, ein gutes Gewissen zu haben, und nicht: das zu tun, wofür wir da sind und was der Sinn unseres Lebens ist. Charakteristisch dafür ist der Verweis im Eislerschen Wörterbuch der philosophischen Begriffe (1930): Verantwortlichkeit – siehe Zurechnung. Unter dem Stichwort »Zurechnung« wird dann erwogen, wann jemand für eine Tat bzw. ihre Folgen einstehen muß, schuldig ist und zur Rechenschaft gezogen werden darf.

Demgegenüber tritt im Sprachgebrauch wie in den problemorientierten Untersuchungen zur Veranwortlichkeit des Menschen in der modernen Welt die Zukunftsverantwortung für andere und anderes in den Vordergrund. Eltern sind verantwortlich für ihre *Kinder* und nur sekundär für sich selber, ihr Handeln, insoweit es die Kinder betrifft. Selber zur Rechenschaft gezogen werden sie ja allenfalls dann, wenn sie ihrer Verantwortung für die Kinder nicht gerecht geworden sind. Und wer ein Auto chauffiert, ist verantwortlich für die Wohlbehaltenheit der Insassen während der Fahrt. Die Rechenschaftspflichtigkeit für das eigene Handeln leitet sich von dieser Zukunfts- und Sachverantwortung ab und kommt nur dann zum Tragen, wenn ein Unfall passiert. Dementsprechend frage ich auch hinsichtlich der natürlichen Mitwelt danach, wieweit wir Verantwortung für sie haben, und sehe im Folgenden von der Frage der Rechenschaftspflichtigkeit ab.

Kant hat sich in einem »Episodischen Abschnitt« der *Metaphysik der Sitten* gerade andersherum entschieden. Er meinte, daß die Verantwortung für etwas letztlich gegenüber dem bestehe, vor dem wir uns gegebenenfalls zu rechtfertigen hätten, gibt also – in meiner Sprechweise – der Rechenschaftspflichtigkeit eine Priorität vor der Verantwortung für andere und anderes. Nach seiner Auffassung übernähme, wer z. B. dem Nachbarn verspricht, seine Blumen zu gießen, eigentlich nur gegenüber dem Nachbarn eine Verantwortung, und zwar »in Ansehung« der Blumen. Die Blumen gehören ja ihm. Nur mit dem Nachbarn sind wir nach dieser Auffassung in eine Beziehung der Verantwortlichkeit eingetreten, wohingegen auf die Blumen lediglich ein Reflex dieser Beziehung fällt, weil sie die seinen sind. So werden sie zwar begossen, aber nicht um ihrer selbst willen, sondern nur als Eigentum des Nachbarn. Unsere Zuwendung gilt ihm, nicht ihnen, und letztlich begießen wir ihn, nicht sie.

Wohl nur die wenigsten Menschen meinen es so, wenn sie etwas für Pflanzen, Tiere oder Landschaften tun, vor allem nicht in der unmittelbaren Fürsorge. Begrifflich aber muß sich ein Verhältnis zur natürlichen Mitwelt in ihrem Eigensinn aus einer doppelten Bedrängnis befreien: einerseits der Betrachtung der gesamten nichtmenschlichen Welt als Eigentum von Menschen, andererseits der traditionellen Tendenz zur Subjektivierung jeder Verantwortung, der Reduktion der eigentlichen Verantwortung auf die Rechenschaftspflicht. Der Eigentumsfrage ist das 5. Kapitel gewidmet, den Gegenständen der Verantwortlichkeit das vorliegende.

Ich teile hinsichtlich der Verantwortung für die Natur die Auffassung von Georg Picht (1913–1982), der die in der Philosophie weitgehend vernachlässigte Frage der Verantwortlichkeit des Menschen 1967 für die heutige Zeit gestellt und in bezug auf die Natur folgendermaßen beantwortet hat: »Der Mensch verdankt es der Natur, daß er Mensch sein kann; und das gilt nicht nur für sein vegetatives Leben, sondern der Anteil der Natur am menschlichen Dasein potenziert sich auf jeder Stufe der geistigen Entwicklung. Die Geschichte der geistigen Entwicklung des Menschengeschlechtes ist die Geschichte eines fortschreitenden Heraustretens des Geistes in die Natur. Geschichte ist der Prozeß der Selbstentäußerung des Geistes.« Picht fuhr fort: »Weil die geschichtliche Verantwortung des Menschen ihn stets in die Natur hinausverweist, ist sie nicht nur Verantwortung für andere Menschen, sondern notwendig auch Verantwortung für Sachen. Sie ist im Zeitalter der Naturwissenschaft sogar zu einer Verantwortung für die Erhaltung der Natur überhaupt geworden. Wer die Verantwortung für Tiere, für Pflanzen, für Rohstoffe, für den Wasserhaushalt und demnächst vielleicht für das Klima aus der Definition der Verantwortung ausklammern will, weil diese Formen der Verantwortung sich aus dem Rückbezug auf das Subjekt nicht mehr interpretieren lassen, der verkennt das Wesen menschlicher Verantwortung bereits im Ansatz. Es sei wiederholt: der Mensch ist, insofern er Verantwortung trägt, als ein Wesen bestimmt, das sein Selbstsein nicht in sich selbst, sondern außer sich hat. Er hat sein Selbstsein durch die Geschichte vermittelt in der Natur; er hat sein Selbstsein durch die Natur vermittelt in der Geschichte« (1967, 328).

Daß Picht bereits 1967 das Klima als eine Frage des menschlichen Selbstseins in der Natur gesehen hat, ist bemerkenswert. Ich zeige im folgenden, warum die menschliche Verantwortung tatsächlich so weit reicht, und zwar nicht nur um der Menschheit willen, sondern um des Ganzen willen. Mein Gedankengang führt durch acht Verantwortungskreise, denen – wobei ich einen Ansatz von Frankena (1979) aufnehme – ebenso viele Formen der Ethik entsprechen.

Das menschliche Handeln ist ein Ausdruck des damit verbundenen Selbstverständnisses. Um die Krise der Industriegesellschaft, die sich nun als eine Krise ihres Verhältnisses zur Natur erweist, zu verstehen, gehe ich auf das Selbstverständnis zurück, aus dem heraus diese Gesellschaft in ihren bürgerlichen Ursprüngen gerechtfertigt wurde. So wie das Menschenbild des Alten Testaments im Mythos vom Sündenfall durch den Unterschied zweier Naturbefindlichkeiten – zuerst im Paradiesgarten, dann im Kampf mit den Dornen und Disteln – beschrieben wird, bezieht sich auch das der bürgerlichen Gesellschaft auf einen Naturzustand zurück. John Locke hat ihn anschaulich geschildert und von dorther die bürgerliche Gesellschaft legitimiert.

Im Naturzustand dachte Locke sich die Menschen als freie und gleiche Individuen und die ganze Welt so wie Amerika zu seiner Zeit: als ein zu besiedelndes Land, von dem jeder sich, ohne daß einer dem anderen etwas wegzunehmen brauchte, so viel individuell aneignen konnte, wie er zu bearbeiten vermochte (1690, §§ 49, 29, 36). Als ein Zustand der menschlichen Naturbefindlichkeit trägt dieser »Naturzustand« seinen Namen zu Recht. Die Legitimation einer politischen Herrschaftsordnung – der der bürgerlichen Gesellschaft – ergab sich von dorther dadurch, daß zunehmend viele Menschen einander schließlich doch in die Quere kamen, so daß zum Schutz des Eigentums ein Staat gebildet werden mußte.

Lockes Menschenbild ist überzeugend einfach: Eigentlich lebt jeder für sich und hat mit anderen möglichst wenig zu tun, jedenfalls aber keine Verantwortung für sie. Die dazu passende Ethik steht am Anfang der bürgerlichen Gesellschaft. Wie sich im Fortgang zeigt, kann es dabei allerdings nicht bleiben.

### (1) Egozentrik – das autonome Individuum

Die freien und gleichen Individuen des Lockeschen Naturzustands sind mit ihrem Selbstsein je für sich allein. Der Verantwortungskreis des Individuums deckt sich mit diesem selbst. Jeder sorgt für sich und braucht auch nur für sich zu sorgen. In dem Naturzustand, von dem her Locke die bürgerliche Gesellschaft legitimiert hat, ist es gar nicht unmoralisch, daß jeder nur an sich denkt, so daß der abwertende Ausdruck Egozentrik der Unschuld dieser Selbstbezogenheit eigentlich nicht gerecht wird. Ich behalte ihn dennoch bei, weil die Grundeinstellung, nur für sich selber zu sorgen, im Verhalten der Industriegesellschaft gegenüber der Dritten Welt, der Nachwelt und der natürlichen Mitwelt fortlebt.

Erhalten geblieben ist auch die Zweiteilung der Welt durch einen Verantwortungskreis, der die Verantwortung für andere und anderes im Sinn des vorausgesetzten Menschenbilds begrenzt. Für die Lockeschen Individuen ist dieser Kreis so eng gezogen, wie es überhaupt nur möglich ist, indem er nämlich dem Individuum geradezu auf den Leib geschneidert ist und keinerlei andere oder anderes umfaßt. Jeder ist ausschließlich für sich selbst verantwortlich, und soweit man es mit anderen Individuen und der übrigen Welt zu tun hat, werden diese so behandelt, wie es am ehesten im eigenen Interesse zu liegen scheint. Dieses Interesse ist zwar über den eigenen Verantwortungsbereich hinaus gerichtet, vor allem auf die Aneignung der übrigen Welt, entspricht aber genau der Bestimmung, nur für sich selbst verantwortlich zu sein, nicht für andere Menschen und schon gar nicht für Tiere, Pflanzen und Landschaften. Was außerhalb des Verantwortungskreises liegt, wird im Handeln zwar *berücksichtigt*, jedoch nur mit *Rücksicht auf sein Inneres*.

Es fällt schwer, das Pendel lange da festzuhalten, wohin Locke es gehoben hat. Ein einzelner Mensch ist ja eigentlich gar kein Mensch, sondern »was man ist, das blieb man andern schuldig« (Goethe, *Tasso* 106). Der Gedanke, eine Gesellschaft sei aus Individuen zusammengesetzt, ist so absurd wie der, ein Wort sei aus Buchstaben zusammengesetzt. Individuen bilden sich erst in einem sozialen Umfeld, und die Gesellschaft ist in sie *teilbar* wie ein Wort in Buchstaben, nicht aber aus ihnen zusammengesetzt, so als hätten Menschen zuerst allein leben können und sich erst später zusammengetan. Lokkes Individuen würden keine Liebe kennen, und auch Sprache gibt es nur mit anderen gemeinsam, zu denen man sich stellt wie im Denken zu sich selber, so daß die Individuen, deren Selbstsein nicht über sie hinausreicht, gleichermaßen lieb- und sprachlos wären. Zumindest ein wenig größer also sollte der Verantwortungskreis wohl doch gewählt werden.

## (2) Nepotismus – die Moral der Sippe

Das Selbstsein oder die eigene Identität nicht nur individuell auf sich selber zu beziehen, sondern auch von denen, die einem nahestehen, her zu bestimmen, ist ein naheliegender und realistischer Schritt über das eigene kleine Ich hinaus. Lebensgefährten und Freunde, Verwandte und Bekannte finden sich nun gemeinsam innerhalb des Verantwortungskreises, d.h. sie stehen zueinander wie zu sich selbst, achten einander als gleichermaßen menschlich und gehen miteinander so um, wie sie erwarten, daß ihre Gefährten mit ihnen umgehen. Auf die Frage, wer jemand ist, wird dann nicht nur von ihm selber die Rede sein, sondern dazu gehört auch, Lebensgefährte, Vater oder Mutter, Sohn oder Tochter, Freund, Bekannter usw. von anderen zu sein.

Andere wie sich selbst zu achten, soll nicht heißen, daß z.B. Väter ihre Kinder im einzelnen so behandeln, wie sie umgekehrt von diesen behandelt zu werden erwarten, denn zur wechselseitigen Gleichachtung gehört ja gerade auch die der individuellen Verschiedenheiten, der Väter als Väter und der Kinder als Kinder. Grundsätzlich aber denke ich mir diejenigen, die im Innern des Verantwortungskreises sind, als gleichberechtigt, so daß nicht nur Väter Verantwortung für Kinder, sondern auch Kinder, schon bevor sie erwachsen sind, in ihrer Weise Verantwortung für Väter haben. Demgegenüber sind derartige Beziehungsgruppen in der Praxis wohl meistens eher hierarchisch strukturiert, d.h. nicht in gegenseitiger Verantwortlichkeit, wie es der Struktur der Demokratie entspräche. Ansonsten kommt die Bestimmung des Verantwortungskreises, daß (nur) die einander Nahestehenden sich wechselseitig und gemeinsam verantwortlich füreinander fühlen und dabei das Eigenrecht des jeweils anderen anerkennen, den tatsächlichen Solidaritätsverhältnissen in der Industriegesellschaft aber doch schon ziemlich nahe.

Den Verantwortungskreis so zu erweitern, daß die eigene Identität nicht mehr nur von sich selbst her, sondern von anderen Menschen her verstanden wird, ist im Innern dieses Kreises ein großer menschlicher Fortschritt gegenüber Lockes einsamen Siedlern. Wer und was außerhalb des Kreises bleibt, wird im Handeln derer, die sich darin befinden, jedoch weiterhin nur insoweit berücksichtigt, wie es die Rücksicht im Innern erfordert. Dies gilt keineswegs nur für die natürliche Mitwelt, sondern gleichermaßen für die meisten Mitmenschen, mit denen man es zu tun hat. Kaufleute, Lehrer, Politiker, Chauffeure, Bauern, Polizisten, Vieh, Getreide und Blumen, Wasser und Luft werden für die eigenen Bedürfnisse und die der einem selber Nahestehenden gebraucht, aber man hat in bezug auf sie keine Verantwortung. Wer etwas verkauft, wird dafür bezahlt, und das wars. Die gekauften Dinge sind Lebensmittel oder sonstige Ressourcen für die Familie, aber eigentlich gelten die Geschäftsleute dabei gleichermaßen als Ressourcen, nämlich als Ressource zur Beschaffung von Ressourcen, so wie sie ihrerseits die Kunden als Ressourcen für ihren eigenen Lebensunterhalt ansehen mögen. Lehrer wiederum sind auf dieser Stufe Ressourcen zur Motivierung und Unterrichtung der Kinder, und Politiker sind Ressourcen zur Vertretung der eigenen Interessen. Wenn schließlich z.B. dem Postboten etwas zustößt, so erwartet man, daß die Post – ihrerseits als Ressource zur Verteilung von Briefen – einen andern schickt. Was aus dem früheren Postboten wird, liegt nicht nur jenseits der Zuständigkeit, sondern auch jenseits des Verantwortungsgefühls derer, denen er früher täglich ihre Post gebracht hat.

Nur in bezug auf eine Beziehungsgruppe verantwortlich zu handeln und im Umgang mit anderen oder anderem nicht über diese Bestimmung des eigenen Selbstseins und der eigenen Verantwortlichkeit hinauszugehen, ist also nicht auf Familienclans und mafiose Organisationen beschränkt, sondern alltägliche Praxis. Gleichwohl gehören umfassendere Loyalitäten zum Selbstverständnis der Industriegesellschaft. In der Vergangenheit galten diese zunächst den Klassen, der bürgerlichen wie der Arbeiterklasse, und zwar im Rahmen eines bürgerlichen Weltbilds. Das »Man« des 19. Jahrhunderts war ein bürgerliches, und damit identifizierten sich sogar diejenigen, die selber nicht bürgerlich lebten, damit andere so leben konnten, denn vom Bürgertum her bestimmten sie ihre Ziele, z.B. »Bildung für alle«. Der Verantwortungskreis war damit so gezogen, daß er das Bürgertum des Landes umfaßte. Die übrige Gesellschaft und die natürliche Mitwelt wurden berücksichtigt, wo dies die Rücksicht auf die bürgerliche Klasse gebot.

Durchsetzen ließen sich die Ziele der Arbeiterbewegung freilich nur dadurch, daß das Bürgertum verschwand und sich eine sehr weitgehend egalitäre Gesellschaft bildete, in der »man« selbst ans Telephon geht, in Selbstbedienungsläden einkauft, sich das Hotelfrühstück selbst zusammensucht, selbst chauffiert und zu Hause selber den Abfluß repariert, vielleicht in nachbarschaftlich gegenseitiger Hilfe. Dieses konsumistische Selbst kann von »sich selber« noch ziemlich weit entfernt sein, aber die demokratische Gesellschaft hat, wenn es gut geht, eine große republikanische Qualität, gemeinsame Fragen, die *res publica*, in einer Gemeinschaft freier Bürger – die nicht *bourgeois*, sondern *citoyens* sind – durch einen offenen Diskurs, zu dem grundsätzlich alle befähigt sind, zu entscheiden. Wir sind unterwegs zu einer solchen Gesellschaft, und die Kraft der sozialen Bewegung des 19. Jahrhunderts erweist sich darin als eine Kraft zur Veränderung des Selbstverständnisses der ganzen Gesellschaft, nicht nur zur Besserstellung der Arbeiter.

Die Arbeiterbewegung war zwar von Anfang an auf Internationalität angelegt, ist jedoch durchweg zunächst einmal im Nationalstaat aufgegangen. Dieser ist die – vom Naturzustand her gesehen – nächste Stufe, die eigene Identität und Verantwortung neu zu bestimmen.

### (3) Nationalismus – Volksgenossen unter sich

Den Verantwortungskreis bestimmt nun das eigene Land oder die Nation: eine Gemeinschaft von Landsleuten, die einander als Mitbürger achten und – soweit die Nationalität noch oder wieder identitätsbildend ist – sich beispielsweise zur Hilfeleistung verpflichtet fühlen, wenn sie einem Landsmann in Übersee begegnen, dem ein Mißgeschick zugestoßen ist. Sich in einem nationalen Überschwang vor allem als Franzose, Deutscher, Russe oder Amerikaner zu empfinden, heißt traditionell Chauvinismus, und Nationalismus ist keine wesentlich freundlichere Bezeichnung. Tatsächlich sind nationale Identitäten insoweit überholt, wie sich damit Souveränitätsansprüche verbinden, denn dazu gehört das Recht zur Kriegserklärung, das es im Zeitalter der Atomwaffen nicht mehr geben dürfte. Umgekehrt kann ein nationaler Rahmen sehr sinnvollen Loyalitäten Raum geben, die eigentlich nicht durch wissenschaftlich-technische Entwicklungen unterbunden werden sollten.

Die Internationalisierung der Politik hat Fortschritte gemacht, und nationale Chauvinismen sind in einigen Bereichen der Welt ebenfalls nicht mehr so tonangebend wie früher. Dafür haben sie sich in der internationalen Wirtschaft soweit durchgesetzt, wie es dem Stand einer Wissenschaft entspricht, die als »Nationalökonomie«

jeweils das Wohl eines Landes bedenkt. Innerhalb der Industrieländer gibt es ein Bewußtsein dafür, daß einzelwirtschaftliche Interessen nicht notwendigerweise auch gesamtwirtschaftliche sind, so daß das wirtschaftliche Wohl einer Firma wenigstens im Prinzip von dem des Landes unterschieden wird. Dasselbe gilt für alle Bürger in ihren wirtschaftlichen wie in den übrigen Beziehungen untereinander. Niemand soll nur in bezug auf seine Freunde und Verwandten verantwortlich handeln, sondern jeder Bürger hat – soweit die Demokratie reicht – innerhalb der Landesgrenzen auch eine Verantwortung für das Ganze. Dies alles ist im Prinzip soweit anerkannt, daß jedes abweichende Verhalten von einzelnen, Unternehmen und Interessengruppen als entsprechend unverantwortlich angemahnt werden darf. Außer den innerstaatlichen Unverantwortlichkeiten, auf die insoweit geachtet wird, gibt es jedoch internationale, für die bisher nur ein Minderheitenbewußtsein besteht. Was als internationale Wirtschaftsordnung angesehen wird, ist ein Umgang von Starken mit Schwachen, der die euphemistische Bezeichnung »Ordnung« nicht verdient. Hier nehmen lediglich einzelne Länder und multinationale Unternehmen nach dem ›Recht des Stärkeren‹ ihre Interessen wahr. Die weitreichendste Unverantwortlichkeit ist die anthropogene Veränderung des Klimas.

Hier heißt es oft, wir säßen ja alle in einem Boot und seien gleichermaßen betroffen. Wäre es so, dann könnte mit dem am nationalen Wohl orientierten Bewußtsein auch das internationale mit wahrgenommen werden. Es wäre nicht nötig, grundsätzlich neu zu denken, sondern was der Welt schadet, schadete auch uns – also verhielten wir uns schon global verantwortlich, wenn wir lediglich im eigenen Interesse den Folgen wehrten (möglichst vorbeugend), von denen wir selbst nachteilig betroffen wären.

Dies aber ist eine Illusion von der Art einer Lebenslüge zum eigenen Vorteil und zu Lasten der Dritten Welt. Die Industrieländer müssen sich schonungslos zum Bewußtsein bringen, hier global und besonders hinsichtlich der Dritten Welt verantwortungsloser zu handeln denn je zuvor. Der ersten militärischen Welle der Kolonisierung, mit der das Abendland zuerst reicher als alle andern geworden ist, folgte die zweite, wirtschaftliche, welche uns nun noch immer reicher macht. Was in Zukunft droht, ist eine Öko-Kolonisierung, durch welche die Industrieländer denen der Dritten Welt die Lebensgrundlagen mehr denn je zu zerstören drohen.

Bekanntlich gibt es kaum eine politische Veränderung, bei der nicht einige besser wegkommen als andere. Daß das, was eigentlich unbestritten geschehen sollte, dennoch so häufig nicht geschieht, liegt immer wieder daran, daß irgendeine Interessengruppe Vorteile verlieren würde oder Nachteile akzeptieren müßte. Zum Beispiel trifft eine – aus Gründen der Energieeinsparung – so eindeutig sinnvolle und administrativ lächerlich einfache Maßnahme wie die Umlegung der Kraftfahrzeugsteuer auf die Mineralölsteuer eine Gruppe von Arbeitnehmern und Rentnern auf dem Lande, die oft weite Strecken fahren, stärker als die meisten anderen Autofahrer. Und nun soll man sich vorstellen, daß eine so weitreichende Veränderung wie die des Klimas global alle Länder gleichermaßen treffen würde?!

Daß es bei der Klimaänderung Gewinner und Verlierer geben wird, ist nach aller politischen Erfahrung gar nicht anders zu erwarten. Vielleicht wird es sich nur um relative Vor- und Nachteile handeln, so daß zwar alle verlieren, aber einige mehr oder viel mehr als andere, und dann werden diese die eigentlichen Verlierer sein, die anderen aber relative Gewinner. Wer dies nicht kommen sehen will, erzeugt die Illusion einer internationalen Solidarität, die es ohne weiteres nicht geben wird, sondern die sich allenfalls aus der Einsicht in die Verteilungswirkungen der Klimaänderung bilden könnte, die durch die Tabuisierung dieser Einsicht aber sogar noch verhindert wird.

Um abzusehen, wer die Gewinner und wer die Verlierer sein werden, müßte man die Folgen der Klimaänderung kennen und für einzelne Erdteile regionalisieren. Die Klimavorhersage selbst genügt dazu nicht, sondern es käme zusätzlich darauf an, Temperaturen, Regenmengen, -heftigkeiten und -verteilungen (zeitlich und räumlich), sowie Veränderungen in der Variabilität des Klimas (Zunahme von Wirbelstürmen usw.) in Folgen für die Lebensverhältnisse eines Landes zu übersetzen. Dadurch sollte absehbar werden, wie die landwirtschaftlichen Erträge sich voraussichtlich ändern, wie häufig es in Zukunft Dürrejahre geben wird, was Wirbelstürme für die Wohnsituation bedeuten, wie der Fremdenverkehr sich entwickeln würde usw. Dies alles ist bisher weitgehend unbekannt, zumal die klimatischen Folgen im wesentlichen noch nicht regionalisiert werden konnten, so bemerkenswert die Einigkeit über die globalen Folgen unter den Klimatologen mittlerweile ist.

Schon beim jetzigen Stand des Wissens aber ist absehbar:

- Der Anstieg des Meeresspiegels wäre nicht nur in Zentimetern überall etwas verschieden – vielleicht um 30 bis 50 cm bis zur Mitte des nächsten Jahrhunderts, mit geringer Wahrscheinlichkeit allerdings sogar mehrere Meter –, sondern in den Auswirkungen völlig verschieden. In Europa oder in den USA ergäbe sich bei einem Investitionsvolumen von einigen 'zig Milliarden ein Impuls für die Bauwirtschaft, in Bangladesh hingegen würden weite Teile des Landes unbewohnbar.
- Es sieht so aus, daß diejenigen Länder, die jetzt schon unter Trokkenheit leiden, dies in dem veränderten Klima noch mehr als bisher müßten. Genau wissen wir es bisher nicht. Sicher aber ist, daß dafür ein großes *Risiko* besteht und daß es besonders *die* Länder trifft, in denen es (a) überhaupt Trockenheit gibt, die (b) dagegen aus eigener Kraft nicht viel tun können und deren Wirtschaft (c) noch zum großen Teil Landwirtschaft ist. Dies sind nicht die Industrieländer, sondern viele Länder der Dritten Welt. Wie empfindlich gerade sie auf Änderungen der klimatischen Parameter reagieren, hat eine Studie des Internationalen Instituts für Systemanalyse (IIASA; Parry e.a. 1988) in Laxenburg im Rahmen des Umweltprogramms der UN auch quantitativ verdeutlicht.
- Die nördlichen Länder sind in der Landwirtschaft (a) nicht so verletzlich wie die der Dritten Welt, werden (b) voraussichtlich weniger betroffen sein, so daß sich zumindest *relative* Vorteile ergeben, und (c) möglicherweise sogar absolute Vorteile gegenüber dem jetzigen Stand haben. Diese wären ganz sicher nicht überall so weitgehend wie in Island, wo die Vegetationszeit bei einer Verdoppelung des $CO_2$-Gehalts der Atmosphäre nach der IIASA-Modellrechnung um fast zwei Monate zunehmen und die Weidekapazität sich mehr als verdreifachen würde. Vorteile aber werden u.a. auch für die nördlichen Landesteile der UdSSR, Japans, der USA und für Kanada erwartet.

Es wird also Gewinner und Verlierer geben, und die Verlierer werden aller Voraussicht nach wieder einmal die Länder der Dritten Welt sein, denn sie tragen die weitaus größten Risiken der Klimaänderung. Auf der Weltklimakonferenz, die im Juni 1988 in Toronto stattgefunden hat, wurden die drohenden Folgen der Klimaänderung mit denen eines Atomkriegs verglichen. Ich halte zumindest die Zahl der Betroffenen sogar für noch größer. Wer ist dafür verantwortlich?

Die Schuldigen werden die Gewinner sein. Verursacht wird die

Klimaänderung nämlich zu 75–80 Prozent von den nördlichen Industrieländern in West und Ost, und zwar etwa zur Hälfte durch Kohlendioxid aus der Energiewirtschaft und zu je einem Fünftel durch Fluorchlorkohlenwasserstoffe (FCKW) und Methan, außerdem durch Stickoxide und Ozon (in der Troposphäre), kurzum durch den materiellen Wohlstand der Industriegesellschaft (Deutscher Bundestag 1988). Wieweit dieser Wohlstand auf der Ausbeutung der Dritten Welt beruht, war in der Vergangenheit noch umstritten. Jetzt wird daraus eine gleichermaßen naturwissenschaftlich, ökonomisch und politisch unbestreitbare Tatsache.

Ja, dürfen wir diese Lebensweise denn weiterhin noch aufrechterhalten? Müßten die reichen Länder nun nicht den andern gemeinsam erklären: *Wir Reichen stellen zu unserem Entsetzen fest, daß wir zu Lasten der Lebensbedingungen der Armen leben, indem wir das Klima verändern. Wir werden den Verbrauch von FCKW sofort einstellen, innerhalb weniger Monate, und unsere Energieumsätze, was beim besten Willen – den wir haben – nicht so schnell geht, innerhalb weniger Jahre auf etwa ein Drittel reduzieren, indem wir Energie durch Intelligenz und Kapital ersetzen (Energiequelle Energieeinsparung). Den motorisierten Individualverkehr werden wir ebenfalls einstellen. Jeder Bürger der reichen Länder ist froh, hier auch im persönlichen Lebensbereich sofort etwas tun zu können. Unser Wohlstand ist in der bisherigen Art unverantwortlich geworden. Selbstverständlich werden wir außerdem die Schäden, die wir bereits zu verantworten haben, wiedergutmachen, soweit dies irgend möglich ist.*

Leider hat bisher keine Regierung so gesprochen, geschweige denn alle gemeinsam. Statt dessen heißt es beruhigend, wir säßen ja alle in einem Boot und man müsse noch weitere wissenschaftliche Untersuchungen abwarten. Auch diese vermeintlichen Unsicherheiten sind freilich nur ein Vorwand, denn in den Feststellungen, aus denen die Notwendigkeit politischen Handelns folgt, sind sich die Klimatologen längst einig. Natürlich gibt es darüber hinaus auch noch offene Fragen, auffälligerweise aber erinnern daran gerade diejenigen Länder besonders hartnäckig, die sich nach dem jetzigen Stand des Wissens Vorteile von der Klimaänderung versprechen können, z.B. die UdSSR, die USA und Japan. Groß sind in allen Industrieländern außerdem die Widerstände, die Gewinner/Verlierer-Frage überhaupt zu behandeln, denn das Ergebnis wäre höchstwahrscheinlich, daß Ausgleichszahlungen an die Dritte Welt geleistet werden müßten. Zur Ablenkung trägt auch der Verweis auf das Bevölkerungswachstum in der Dritten Welt bei, obwohl die globalen Umweltprobleme weit überwiegend von den Ländern verursacht werden, in denen es kein Bevölkerungswachstum gibt. Ich habe seit den 70er Jahren befürchtet, daß die bevorstehende Klimaänderung politisch nur als (weiße) »Kreide auf der weißen Wand« wahrgenommen werden wird, zwischendurch allerdings erwartet, der kritische Bereich werde wegen der enormen Einsparmöglichkeiten von Energie nicht erreicht. Durch die Gewinner-Verlierer-Perspektive sehe ich mein Argument in einer unglückseligen Weise verstärkt.

Solange der Verantwortungskreis der politischen Akteure durch die jeweiligen Landesgrenzen definiert ist, sehe ich nicht, wie die Katastrophe verhindert werden kann. Was jenseits der Grenze ist, erfährt in souveränen Staaten selber keine Rücksicht, sondern wird nur berücksichtigt, soweit die Interessen des eigenen Landes reichen. Vielleicht wird einmal etwas geschehen, damit Hunderte von Millionen von Umweltflüchtlingen indirekt nicht auch uns selbst gefährden. Aber werden dies nicht Mit-Menschen sein, so daß endlich eine gemeinsame Verantwortung weltwirtschaftlich den nationalen Chauvinismen Grenzen setzen sollte, und zwar sofort?

### (4) Anthropozentrik der Gegenwart – die Mitmenschen nah und fern

Würden die Regierungen aller Länder eine gemeinsame globale Verantwortung wahrnehmen, so umfaßte der Verantwortungskreis die ganze Menschheit als die Gemeinschaft der gegenwärtig Lebenden. Jeder Mensch wäre dann weder nur als Einzelperson er selber, noch zusätzlich als Angehöriger einer Beziehungsgruppe oder Klasse, noch außerdem als Mitbürger in seinem Volk, sondern erst gleichermaßen als Weltbürger unter einigen Milliarden anderen. Die enger begrenzten Identitäten und Verantwortungsstufen bleiben dabei erhalten, so wie ja auch die staatsbürgerliche Verantwortung die familiäre nicht aufhebt, sondern umfaßt und begrenzt. Sowie es auf der dritten Stufe nicht mehr zulässig ist, zu Lasten des nationalen Allgemeinwohls der eigenen Familie zu nützen, ist es nun nicht mehr verantwortbar, nationale wie persönliche Interessen zu Lasten der Menschheit geltend zu machen oder gar durchzusetzen.

Wie können viele Regierungen miteinander eine internationale Verantwortung wahrnehmen? Wenn die Allgemeinheit des Interesses in Zukunft auch hier wieder dem Umkreis einer staatlichen Verantwortung entsprechen sollte, müßte es zur Gründung eines Weltstaats kommen. Dafür spricht außer der Kriegsgefahr, daß sich international eine neue und viel größere Soziale Frage entwickelt als die nationale des 19. Jahrhunderts, die Not der Dritten Welt in ihrem Gegensatz zum Reichtum der Industrieländer, die für diese Not weitgehend mitverantwortlich sind. Hier wenn nicht den Weltstaat, so doch eine internationale Solidarität zu entwickeln, die das Allgemeininteresse der Menschheit gegen die nationalen Egoismen zur Geltung bringt, ist die größte politische Aufgabe unserer Zeit. In ihr verbindet sich das Scheitern der bisherigen Entwicklungspolitik als Hegemonialpolitik der Industrieländer mit der Einsicht, daß Nord und Süd nun zunächst einmal in der globalen Umweltpolitik ein neues Verhältnis zueinander finden müßten.

Viele Menschen verstehen sich bereits als Weltbürger und nicht primär z.B. als Skandinavier. Andere sind auf dem Weg dorthin, wenn sie über die globalen Bedrohungen nachdenken, die von den Nationalstaaten ausgehen. Gleichwohl ist es ein hoher Anspruch, sich letztlich der Menschheit insgesamt verpflichtet wissen zu wollen und nicht nur sich selber, dem persönlichen Umkreis oder allenfalls dem Gemeinwohl im eigenen Land. Sogar sehr Wohlmeinende können damit in Schwierigkeiten geraten, wenn sie z.B. in Übersee einem der fünf Milliarden Mitmenschen begegnen und nicht einmal dessen Sprache verstehen, geschweige denn seine Kultur. Wenn wir es aber nicht lernen, uns mitmenschlich verantwortlich zu fühlen

- für den Feuerländer, den und dessen Lebensgrundlagen wir durch das Ozonloch gefährden;
- für den brasilianischen Kleinbauern, der in Amazonien den Regenwald abbrennt, weil die Großgrundbesitzer im Süden des Landes Futtermittel für Europa anbauen;
- für alle die Mitmenschen, deren Lebensgrundlagen durch die Klimaänderung beeinträchtigt oder zerstört werden,

  *wissen wir nicht, warum*

- der Verbrauch von FCKW sofort eingestellt werden muß;
- in unseren Wirtschaftsbeziehungen zur Dritten Welt zunächst einmal *wir* keine Vorteile mehr von der Tropenwaldzerstörung haben dürften, weder direkt noch indirekt, wie es die Enquête-Kommis-

sion »Vorsorge zum Schutz der Erdatmosphäre« des Deutschen Bundestags 1990 gefordert hat;
- hierzulande nun auch der weitgehende Ausstieg aus der Verbrennung fossiler Energieträger geboten ist.

Und wie sollte dies alles politisch verwirklicht werden können, wenn wir nicht einmal wissen, daß es zu geschehen hätte, weil die Menschheit eine Verantwortungsgemeinschaft geworden ist?! Im Rahmen der politischen Ethik des Nationalstaats gibt es keine Lösung der Umweltprobleme, so global wie sie inzwischen geworden sind.

Über die nationalen Grenzen hinaus Rücksicht zu nehmen, hätte nicht nur für die Wirtschaft weitreichende Konsequenzen. Aus der Sicht der Dritten Welt kann der Warnung vor der Klimakatastrophe im Denken dieselbe vereinnahmende Globalität anhaften, die man aus der wirtschaftlichen Praxis kennt und vor der man endlich in Ruhe gelassen werden möchte. Die Reaktion ist nur allzu verständlich, in diesem Fall nun aber gewiß nicht im Interesse der betroffenen Länder. In ähnlicher Weise werden die industriegesellschaftlichen Kritiker der Atomenergienutzung dem Klimaproblem nicht gerecht, wenn sie es im wesentlichen als ein Propagandaargument der Gegenseite bewerten.

Ich halte den Ausstieg aus der Nutzung der Atomenergie nach wie vor für geboten, jetzt aber für dadurch erschwert, daß wir uns nicht einer national eingegangenen Gefahr, der der Atomenergienutzung (egal, wer dafür oder dagegen war), entziehen dürfen, indem wir andere Länder verstärkt einer anderen Gefahr aussetzen, der der Klimaänderung. Andere in Gefahr zu bringen, ist schlimmer als sich selbst. Der raschen Verminderung des Verbrauchs fossiler Energieträger gebührt deshalb eine Priorität vor der Abschaltung der Atomkraftwerke. Einen Sofortausstieg (in ein bis zwei Jahren) aus der Nutzung der Atomenergie hielte ich unter diesen Umständen allenfalls dann noch für vertretbar, wenn gleichzeitig, um die Priorität zu wahren, noch entsprechend größere Anstrengungen zur Verminderung unserer $CO_2$-Emissionen erfolgten. Dies ist schwer vorstellbar, zumal angesichts der energiepolitischen Versäumnisse in der Vergangenheit und weil damit auch keine erhöhten Belastungen der natürlichen Mitwelt verbunden sein dürften. Für die Kritiker der Atomenergienutzung ist dies eine schmerzliche Konsequenz. Der Ausstieg aus der Nutzung der Atomenergie bleibt gleichwohl möglich. Wie schwer er wird, hängt nun davon ab,

- ob es sich bestätigt, daß eine globale $CO_2$-Emissionsverminderung um 20 Prozent bis 2005 (Toronto-Empfehlung 1988) und um mehr als 50 Prozent bis 2050 nicht zu langsam ist;
- ob wir uns entschließen, unsere $CO_2$-Emissionen bis 2005 dementsprechend um mindestens 30 Prozent zu vermindern, um Zunahmen in den Ländern der Dritten Welt zu kompensieren, und
- ob die FCKW-Emissionen hierzulande bis 1995 aufhören (Deutscher Bundestag 1988).

Für den Ausstieg aus der Atomenergienutzung kommt es also darauf an, diejenigen Spielräume zu nutzen, die auch dann noch bestehen, wenn alles Erforderliche zur Vermeidung der weiteren Klimaänderung getan wird. Es gibt diese Spielräume, aber sie sind kleiner als vor unserer Kenntnis der Klimaänderung anzunehmen war.

Den Verantwortungskreis so zu ziehen, daß er die ganze gegenwärtige Menschheit umfaßt, so daß jeder Mensch in bezug auf jeden andern verantwortlich handeln muß, wäre ein großer Fortschritt, denn kein Mensch würde nun für andere nur noch eine Ressource sein. Gleichwohl wäre dieser Fortschritt auf die Menschheit beschränkt, denn die natürliche Mitwelt bliebe weiterhin nur ein Lebensmittel für Menschen. Das Weltbild, dem der so gezogene Verantwortungskreis entspricht, heißt deshalb das anthropozentrische: *ánthropos*, der Mensch, steht im Zentrum, und alle Welt ist für ihn da; die natürliche Mitwelt findet ihre Lebensräume allenfalls in dem seinen. Wäre es nicht bereits ein ungeheurer Fortschritt, wenn in der industriellen Wirtschaft wenigstens die anthropozentrische Ethik handlungsleitend würde? Allerdings ist auch sie auf dieser Stufe noch nicht ganz gerundet, sondern es fehlt ein weiterer Schritt: Wir haben diese Erde, wie ein indianisches Sprichwort sagt, nicht von unseren Vätern geerbt, sondern wir haben sie geliehen von unseren Kindern.

## (5) Anthropozentrik – die Menschheit als geschlossene Gesellschaft

Dreierlei Leben ist es, auf Kosten dessen der industriewirtschaftliche Wohlstand aufrechterhalten wird: das der Dritten Welt, das der Nachwelt und das der natürlichen Mitwelt. Welcher Umkehr im Denken es bereits bedarf, um die Klimaänderung auch dann zu verhindern, wenn sie nur den anderen schadet, ist in dem zuvor Gesagten deutlich geworden. Daß nun als nächstes die künftigen Generationen einbezogen werden sollten, liegt auf der Hand. Insoweit das Klimaproblem eine jahrzehntelange Entwicklung betrifft, ging die vorangegangene Argumentation ohnehin bereits über die heute lebende Menschheit hinaus.

Im wirtschaftlichen Handeln der künftigen Generationen zu gedenken, war allenfalls in der Land- und Forstwirtschaft kein neuer Gedanke, soweit die Tradition des »nachhaltigen«, die eigenen Voraussetzungen bewahrenden Wirtschaftens hier noch in Erinnerung ist. Die Öffentlichkeit ist auf die Verantwortung für das der Nachwelt zu hinterlassende Erbe vor allem durch die Jahrtausende lange Zukunft unseres Atommülls aufmerksam geworden. Inzwischen wissen wir auch sonst: Kinder haften für ihre Eltern, d.h. sie werden mit den zerstörerischen Hinterlassenschaften der den heutigen ›Wohlstand‹ produzierenden Wirtschaft leben müssen. Kann dies dadurch gerechtfertigt werden, daß wir ihnen umgekehrt kulturelle, wissenschaftliche und technische Errungenschaften hinterlassen, die dies entsprechend erleichtern?

Wie man beides gegeneinander aufrechnen könnte, ist unbekannt. Gleichwohl sollte der Kreis so gezogen werden, daß wir dafür verantwortlich sind, den Nachgeborenen keine geringere Chance des Lebens zu hinterlassen, als wir sie vorgefunden haben. Auf weitere Kriterien (vgl. Birnbacher 1988) gehe ich hier nicht ein. Verstehen wir unser Selbstsein auch von der Nachwelt her, so ist es eine heilsame Übung, den Preis unseres Wohlstands aus heutiger Sicht probehalber mit den entsprechenden Errungenschaften verrechnen zu wollen, die uns überliefert worden sind. Zu merken, auf wie unsicherem Boden man sich hier bewegt, ist entschieden besser als der selbstgewisse Glaube, die Nachwelt werde die Fortschritte, die uns noch nicht problematisch geworden sind, getrost als solche akzeptieren.

Werden nun noch die Verstorbenen in den Verantwortungskreis mit einbezogen, so wäre es nicht mehr strittig, daß Menschen in ihrem Handeln auf alle anderen Menschen Rücksicht nehmen sollen, die jetzt Lebenden, die Kommenden und die Toten. Die heutige Menschheit hätte Verantwortung für das Andenken der Toten, für das Erbe der Nachgeborenen, und kein Mensch wäre für einen anderen nur noch »menschliche Ressource«, wie in der Nationalökonomie, um fremde Interessen oder überhaupt die eines Teils der Menschheit zu erfüllen. Ist die Grenze des menschlichen Selbstseins damit erreicht? Ist die Menschheit eine geschlossene Gesellschaft? Wir gehören gewißlich nicht nur zu denen, mit denen wir persönlich verwandt oder bekannt sind, und auch das eigene Volk gilt heutzutage den meisten Menschen in den Industriegesellschaften nicht mehr als das eigentliche Selbst, uns Deutschen schon gar nicht. Wie sicher aber dürfen wir sein, mit der Zugehörigkeit zur Menschheit unsere Identität als Menschen nunmehr ganz erfaßt zu haben?

### (6) Mammalismus – die höheren Tiere unter sich

Die Menschheit umfaßt alle Individuen, ihre Lebensgefährten, Familien, Freunde und Bekannte, alle Völker sowie die heute Lebenden, die Toten und die Nachgeborenen. Warum aber sollte gerade sie ihre eigene Identität definieren, wohingegen die menschliche Identität bis dahin immer wieder neu von einem umfassenderen Selbstsein her verstanden werden mußte? Ein Mensch allein kann gar kein Mensch sein, sondern dazu gehören andere, mit denen zusammen er er selber ist, und die weiteren Schritte sind in dem bisherigen Gedankengang durchlaufen. Kann die Menschheit demgegenüber bereits von sich her und nicht erst im Mitsein mit anderen sie selber sein? Gibt es für sie nicht wiederum ein umfassenderes Ganzes, von dem her die menschliche Identität, das Selbstsein und die Verantwortung, umfassender zu bestimmen wäre? Individuen, die keinen anderen Maßstab als sich selber haben, sind tendenziell asozial. Sollte es der Menschheit insgesamt so ganz anders gehen können? Ist die Anthropozentrik nicht nur ein letzter Versuch, den Menschen wenigstens im Handeln für etwas Besseres als die Natur auszugeben und dadurch Asozialität in der Natur zu rechtfertigen, nachdem die Aufklärung über unsere Naturzugehörigkeit unausweichlich geworden ist?

Die naturgeschichtliche Antwort, warum die Menschheit keine geschlossene Gesellschaft ist, habe ich bereits im vorangegangenen Kapitel gegeben. Unser Dasein ist leiblich, und die natürliche Mitwelt ist unserer Herkunft nach unsere leibliche Verwandtschaft. Alle Lebewesen sind durch die Wahrnehmungskreise, in denen sie leben, soweit auf andere bezogen, wie sie es mit ihnen zu tun haben. Der Mensch ist durch die Naturgabe Vernunft darauf angelegt, sich durch Verantwortung auf andere Lebewesen beziehen zu können. Diese wiederum verhalten sich in ihrer je eigenen Weise zum Menschen: nicht durch Verantwortung und Menschenaugen, sondern durch andere angeborene Fähigkeiten und z.B. durch Katzenaugen.

Auch in der individuellen Entwicklung wird unsere Menschlichkeit von Verhältnissen nicht nur zur menschlichen Mitwelt geprägt. Die Sprache selbst, unsere am ehesten spezifisch menschliche Eigenschaft, bildet sich zwar ursprünglich in der Du-Beziehung zu einem anderen Menschen, in der Regel zur Mutter; zugleich damit aber entstehen sowohl das Selbstbewußtsein als auch die Beziehung zu den Dingen und Lebewesen der übrigen Mitwelt. Sprache bezieht sich dadurch gleichzeitig auf das Ich, das einer Vorstellung als der seinigen Raum gibt, auf andere Menschen, mit denen es dieselbe Sprache spricht und dadurch kommunikativ übereinkommt, und auf die außermenschliche Welt als den Gegenstand der Vorstellung. Das Menschlichste am Menschen kennen wir nur als mitmenschlich gemeinsam *und* als Beziehung zur natürlichen Mitwelt, d.h. als ein nicht nur Unsriges, sondern den Menschen aus sich heraus in andere und anderes hinein Versetzendes. In der Sprache nur bei sich und nicht gleichermaßen bei den Dingen sein zu wollen, hieße eine Brücke nur dem einen Ufer zuzurechnen.

In der Sprache sind wir immer schon so bei den Dingen, wie wir mit ihnen im Raum sind. Die dreifältige Brückenhaftigkeit der Sprache – zu sich selber, zu anderen und zu anderem – bildet sich, indem das Kind sich in den Raum hinein aufrichtet und selber in ihm findet. Ob ein Kind schon sprechen und ob es schon laufen kann, sind nicht zufällig die beiden Grundfragen der ersten Lebensjahre, denn beides entsteht so gemeinsam wie der Begriff mit dem Greifen. Etwa jedes fünfte Wort ist eine räumliche Metapher, sogar das der Metapher (als »Übertragung«) selbst. Wir leben somit nicht nur *im* Raum, sondern *das menschliche Sein ist selber räumlich*, das Selbstsein oder unsere Identität. Dies zeigt sich umgekehrt daran, daß das Ich nur räumlich da ist und sich im Schwindel verliert. »Im Tiefenschwindel wie im Drehschwindel gerät nicht nur die räumliche Umwelt aus den Fugen, sondern unser Menschsein überhaupt«, und aus dem Schwindel »erwachend findet man sich nicht nur ›räumlich‹, sondern überhaupt wieder zurecht« (Dürckheim 1932, 403/405).

Nur im Raum also finden wir uns als wir selber. Der Raum aber ist zugleich die Bedingung allen Mitseins, mit den Menschen und der natürlichen Mitwelt. Nur in diesem Mitsein finden wir uns als das, was wir sind. Die Menschheit ist dementsprechend keine geschlossene Gesellschaft. Nicht nur wird der einzelne erst im Mitsein mit anderen überhaupt zum Menschen, sondern das Mitsein der natürlichen Mitwelt gehört gleichermaßen zur Bestimmung der Menschheit. Im Selbstverständnis des einzelnen kommt nicht nur er selber vor und im Selbstverständnis der Menschheit nicht nur sie selber. Nur im Mitsein mit anderen: Menschen, Tieren, Pflanzen, Landschaften und den Elementen gibt es die Menschheit. Ohne diese sind wir gar nicht die Menschheit.

Diejenigen anderen, an die zuerst zu denken ist, wenn das menschliche Selbstverständnis das Mitsein mit anderen bestimmungsgemäß berücksichtigt, sind die höheren Tiere, unsere nächsten Verwandten im Tierreich. Die Verwandtschaft ist sowohl in der positiven Zuwendung als auch darin zu erleben, daß nur wenige Menschen wachen Sinnes mit ansehen können, wie diese Lebewesen industriell gehalten werden. Das Mitgefühl hängt damit zusammen, daß sie Schmerz empfinden können und uns darin besonders nahestehen. Der Verantwortungskreis wird damit über die Menschen hinaus auf die Gemeinschaft all derer erweitert, die Schmerz empfinden können. Nach der anthropozentrischen Ethik ist darauf keine Rücksicht zu nehmen, sondern sogar die höheren Tiere sind nur Lebensmittel für Menschen, so daß die Massentierhaltung insoweit gerechtfertigt wäre, wie dadurch gute Lebensmittel produziert würden.

Anders als bei den früheren Erweiterungen des Verantwortungskreises besteht, wenn die höheren Tiere einbezogen werden, allerdings nicht mehr zwischen allen Lebewesen, die dazugehören, eine wechselseitige Beziehung der Verantwortlichkeit, denn Verantwortung ist eine spezifisch menschliche Weise, das Mitsein wahrzunehmen. Der gemeinsame Oberbegriff wäre nun das Dasein für andere. Ich komme im folgenden Kapitel darauf zurück, inwieweit wir das Dasein der natürlichen Mitwelt von sich aus für uns in Anspruch nehmen dürfen, und frage hier zunächst weiter von uns aus, wie wir am ehesten als Menschen mit den Tieren umgehen können, um jenseits der Mitmenschen nicht unmenschlich zu werden. Der praktische Unterschied unsererseits besteht darin, daß wir die Tiere in ihrem Eigenrecht im Ganzen der Natur wahrnehmen, wenn sie in den Verantwortungskreis einbezogen werden, und nicht nur als Lebensmittel für uns.

Tiere in ihrem Eigenwert wahrnehmen zu sollen, ist kein neuer Gedanke, sondern schon Platon charakterisiert den guten Hirten dadurch, daß er »auf das Beste der Schafe« sieht und nicht »wie ein Gastgeber, der ein Mahl ausrichten will, auf den Schmaus, oder wie ein Handelsmann auf den Kaufpreis« (*Der Staat* 345cd). Gegenüber der industriellen Massentierhaltung macht dies auch dann einen großen Unterschied, wenn die Tiere schließlich doch nicht nur gemolken oder geschoren, sondern gegessen werden, denn so hätten sie wenigstens gelebt, bevor sie geschlachtet werden.

Im Rückblick von der nun erreichten Stufe aus erweist sich das anthropozentrische Welt- und Menschenbild als eine Art menschlicher Chauvinismus, nicht nur als ein nationaler. Philosophisch hat dieses Weltbild seinen kosistentesten Ausdruck in der Enträumlichung des Menschen und der bloßen Verräumlichung der natürlichen Mitwelt durch René Descartes (1596–1650) gefunden, der eine als *res cogitans*, Denkendes, die andere als *res extensa*, ihrem Wesen nach nichts als ausgedehnt. In dieser unnatürlichen Bestimmung des Menschen und unmenschlichen Bestimmung der natürlichen Mitwelt hatte das neuzeitliche Subjekt sich aus der Welt bereits verloren, bevor die Industriegesellschaft dazu aufbrach, die *res extensa* als wirtschaftliche Ressource nach ihrem Bild zu gestalten. Daß wir uns in dieser Selbstdarstellung nicht wiedererkennen, führt nun wieder über die anthropozentrische Macht- und Herrschaftsordnung hinaus.

Finden wir uns nun wenigstens unter den höheren Lebewesen wieder, so bleibt die übrige natürliche Mitwelt freilich auch jetzt noch ein bloßes Lebensmittel für die Menschen und ihre naturgeschichtliche Sippschaft. Aus dieser Sicht ist zwar ein Fortschritt über die Anthropozentrik hinaus erfolgt, jedoch nur bis zur Stufe einer sozusagen mammalistischen Ethik. Dürfen wir dabei stehen bleiben? Geht es an, den Hasen und die Maus zur natürlichen Mitwelt zu rechnen, Bäume und Blumen hingegen weiterhin als bloße Ressourcen zu verstehen? Und wie steht es mit der Zerstörung des tropischen Regenwalds?

Auf der Erde gibt es viele Millionen Arten von Lebewesen. Vielleicht sind es fünf, villeicht sogar fünfzig, das wissen wir nicht. 1,4 Millionen Arten wurden von Wissenschaftlern katalogisiert. Wir sehen aber, daß der Artenreichtum in den tropischen Regenwäldern, deren größter Amazonien ist, zehn- bis über hundertmal so groß ist wie bei uns. Zum Beispiel gibt es dort etwa 25000 Baumarten, einschließlich der Palmen und Lianen, bei uns etwa dreißig. Auf einer einzigen Baumart sind rund dreihundert Insektenarten gezählt worden, davon gibt es die Hälfte nur auf dieser bestimmten Baumart.

Würden also der amazonische Urwald und die entsprechenden Gebiete in Afrika und Indonesien zerstört, so bliebe von der Artenvielfalt der Erde nur ein kleiner Teil zurück. Wie kommen wir Menschen dazu, allenfalls auf die höheren Tiere Rücksicht zu nehmen und diese Vielfalt zu zerstören? Namen sollten wir ihnen geben, den anderen Lebewesen, die unserer Obhut anheimgegeben sind. Statt dessen kennen wir sie nicht und bringen sie um. Zur Zeit geschieht dies etwa zehntausendmal so schnell, wie Arten vor dem Erscheinen des Menschen ausgestorben sind. Einen so katastrophalen Artentod, wie er jetzt droht, hat es in der Naturgeschichte noch nie gegeben.

## (7) Biozentrik – die Gemeinschaft der Lebewesen

Es war Albert Schweitzers (1875–1965) großer Gedanke, zwar keineswegs alle Lebewesen gleich behandeln, wohl aber Ehrfurcht vor dem Leben in jedem von ihnen haben zu sollen und dementsprechend verantwortlich zu handeln. »Ethik ist ins Grenzenlose erweiterte Verantwortung gegen alles, was lebt« (1923/1974, II.379). Dies ist zweifellos eine bedeutend sinnfälligere Abgrenzung, als den Verantwortungskreis quer durch das Tierreich so zu ziehen, daß nur die Schmerz empfindenden Tiere um ihrer selbst willen Rücksicht erfahren. Reicht nicht ohnehin das Leiden weiter als der Schmerz? Wer ein Verhältnis zu Pflanzen hat, weiß, daß sie vielleicht die empfindsamsten Lebewesen überhaupt sind und in ihrer Stille weniger ausdrucksvoll, aber nicht weniger intensiv leiden können als Tiere. Die Begabungen der Menschen zum Mitgefühl mit anderen Lebewesen sind freilich verschieden. Tierfreunde sind selten gleichzeitig Pflanzenliebhaber, und es gibt auch noch eine dritte Gruppe, welche die unmittelbarste Beziehung zu den Elementen hat: zu Wasser, Wolken, Luft und Winden, zum Licht und zur Trübe, zu Flüssen, Landschaften und Meeren.

Daß der Verantwortungskreis viel klarer gezogen ist als im »Mammalismus«, wenn das Kriterium nun das Leben selbst ist, verbindet sich allerdings mit einer ganz neuartigen Schwierigkeit: derjenigen, daß wir von anderem Leben leben. Unter anthropozentrischen Gesichtspunkten gab es in dieser Hinsicht keinerlei Probleme, solange der direkte Kannibalismus ausgeschlossen blieb. Demgegenüber wird man nicht ohne weiteres auf unsere engere naturgeschichtliche Verwandtschaft um ihrer selbst willen Rücksicht nehmen und sie gleichwohl unbekümmert verspeisen können. Hier gab es aber noch den Ausweg des Vegetarismus. Die meisten Vegetarier machen einen sehr kategorischen Unterschied zwischen den höheren Tieren, die sie definitiv nicht essen, und den Pflanzen, die sie ganz unbedenklich essen, so als hätten diese keinen Eigenwert im Ganzen der Natur. Ich vermute, daß viele von ihnen dadurch dem Leben von anderem Leben entgehen möchten. Nach der Ethik der Ehrfurcht vor dem Leben ist dieser Ausweg verschlossen. Um weder Tieren noch Pflanzen das Leben zu nehmen, könnte man sich noch vorstellen, daß die Menschheit nur von Früchten, Milchprodukten und allenfalls noch von nachwachsenden Schnittgemüsen lebte. Für die jetzige Weltbevölkerung wäre dies aber wohl nicht mehr möglich.

Albert Schweitzer – dem man manchmal eine Idyllisierung der Natur nachsagt – hat dieses Problem sehr klar gesehen: »Die Welt ist das grausige Schauspiel der Selbstentzweiung des Willens zum Leben. Ein Dasein setzt sich auf Kosten des anderen durch, eines zerstört das andere.« »Auch ich bin der Selbstentzweiung des Willens zum Leben unterworfen. Auf tausend Arten steht meine Existenz mit anderen in Konflikt. Die Notwendigkeit, Leben zu vernichten und Leben zu schädigen, ist mir auferlegt« (a.a.O. 381/387). Es gibt keinen Ausweg, auch nicht den vegetarischen, um der grausigen Tatsache zu entgehen, daß das menschliche Leben nur um den Preis anderen Lebens zu führen ist. Wir dürfen uns keine Illusionen darüber machen, uns aus den Nahrungsketten in der Natur, dem Voneinanderleben der einen von den anderen, heraushalten zu können, sondern wir sind so sehr ein Teil der Natur, daß wir auch daran unausweichlich teilhaben. Um so mehr können wir empfinden, wie die Natur darunter leidet, daß es so ist, und – wie es im *Römerbrief* des Paulus heißt – darauf wartet, daß Menschen Zeichen der Befreiung aus der Knechtschaft der Vergänglichkeit setzen.

Die Ehrfurcht vor dem Leben ist ein enormer Schritt zur weiteren Überwindung der menschheitlichen Überheblichkeit, nachdem die Rücksicht auf die höheren Tiere bereits über die anthropozentrische Ethik hinausgeführt hatte. Der Verantwortungskreis umfaßt nunmehr alle Lebewesen in ihrem Eigenrecht und Eigenwert im Ganzen der Natur. Sie alle sind es, in deren Kreis wir Menschen die Chance der Menschlichkeit haben. Nur die sogenannte unbelebte Welt bleibt jetzt noch ausgeschlossen. Die Ehrfurcht vor dem Leben erlöst sie nicht davon, diesem nur als Mittel dienen und kein Eigenrecht im

Ganzen der Natur haben zu sollen. Ist es aber denkbar, daß das Meer und der Himmel nur um der Fische und Vögel willen da sind und nicht gleichermaßen als sie selber geachtet zu werden verdienen?

## (8) Physiozentrik – die Rundheit der Welt

Durch die bisherigen Erweiterungen des Verantwortungskreises: vom einzelnen auf seinen persönlichen Umkreis, von dort auf die Nation, die Völkergemeinschaft und die Menschheit insgesamt, einschließlich der Nachgeborenen, und schließlich über die Menschheit hinaus auf alle Lebewesen, ist der Kreis dessen, worauf im menschlichen Handeln um seiner selbst willen Rücksicht genommen werden sollte, fast unvorstellbar vergrößert worden. Es fällt uns schon schwer genug, andere Lebewesen im Handeln wenigstens soweit zu berücksichtigen, wie der Schaden, den wir ihnen antun, auch auf uns zurückfällt. Nicht einmal dies gelingt im bisherigen Verhalten der Industriegesellschaft. Ist es dann nicht gänzlich utopisch, die Rücksichtnahme auf andere Lebewesen sogar um ihrer selbst willen zu verlangen, also nicht nur dort, wo Menschen von den Folgen nachteilig betroffen sind?

In der Umweltkrise der Industriegesellschaft kann nur eine Utopie noch realistisch sein, und sie ist noch nicht vollendet. Bisher ist nämlich immer nur ein etwas größerer Chauvinismus durch einen etwas kleineren ersetzt worden. Dabei ist der nationale Chauvinismus noch viel engstirniger als der anthropozentrische, und die leichte Überheblichkeit der Ehrfurcht vor dem Leben gegenüber dem Kosmos, der diesem Raum gibt, verdient eigentlich schon keine so harte Bewertung mehr. Gleichwohl ist die jeweilige Überheblichkeit eines Teils der Welt gegenüber dem Übrigen der gemeinsame Nenner und der gemeinsame Fehler – wenn auch in äußerst unterschiedlichem Maß – aller sieben Formen der Ethik, die ich nacheinander durchgegangen bin.

Vergegenwärtigen wir uns die Kleinheit der Biosphäre im Kosmos: Das Leben, so wie wir es kennen, ist auf unseren Planeten beschränkt, und dieser ist kaum ein Punkt im Weltall. Auf der Erde wiederum ist das Leben kontinental eine reine Oberflächenerscheinung und in der Tiefe eigentlich auch, denn sogar elftausend Meter Tiefe, bis zu denen es Lebewesen im Meer gibt, sind kaum zwei Promille des Erddurchmessers. Wie dünn das Gewand des Lebens das

Festland kleidet, sieht man an Steilküsten oder beim Graben eines Lochs, wenn nach dreißig oder fünfzig Zentimetern der Humus endet. Das Leben also kommt aus den Grenzen, in den Grenzbereichen der Elemente ist es aufgelebt. Was hier nun aber dem Leben Raum gibt: Land und Meer, Luft und Licht, die Elemente des Lebens – gehören sie nicht geradesogut in den Verantwortungskreis, der das Maß unserer Menschlichkeit ist, wie die Lebewesen selbst?

Die vier Elemente sind wie die Schrift des Lebens. Eine Pflanze braucht Erde, Wasser, Luft und Licht (Energie für die Photosynthese), wenn der Keim Wurzel schlagen und wachsen soll. Wo eine Pflanze blüht, sieht man also eigentlich die Elemente blühen, die sich kraft des Samens zu ihr verbinden. Die Tierwelt wiederum lebt von der der Pflanzen. Die Grenzen, aus denen all dies Leben entsteht, sind wie ›Definitionen‹ die Bestimmungen der Elemente, so daß sich erst in der Begegnung oder im Mitsein von Luft und Licht mit Wasser und Erde zeigt, was diese vier vermögen: aufzuleben, wenn der lebendige Punkt sich in sie senkt.

Ist es denkbar, daß die Möglichkeit des Lebens nicht ebenso um ihrer selbst willen Rücksicht verdient wie das Leben selbst? Drei der vier Elemente sind heute schwer bedroht: die Erde durch die Vergiftung der Böden, das Wasser durch die der Meere und Flüsse sowie des Grundwassers und die Luft außer durch Gifte noch durch strukturelle und dynamische Veränderungen wie die Zerstörung der Ozonschicht und die Veränderung des Klimas. Das vierte Element, das Feuer oder das Licht bzw. die Energie, ist zwar in Gestalt der Sonne nicht bedroht; hier aber entsteht die Gefahr dadurch, daß die Sonneneinstrahlung aus dem Energiebudget der Industriegesellschaft immer weiter herausgedrängt worden ist und andere Energieformen mit Erde, Wasser und Luft offenbar weniger leicht Leben bilden als die naturgeschichtlich bewährte Verbindung der vier. Betreffen diese Veränderungen die Elemente nur als Lebensbedingungen oder um ihrer selbst willen?

Wenn ich über das Meer segle und darin nicht mehr baden mag, tut es mir nicht nur um das Baden leid und auch nicht nur um die Fische oder die anderen Meerestiere, sondern um das Meer selber. Ob es gerade still und lieblich ist oder furchterregend wütet und alles zu verschlingen droht – es hat seinen eigenen Charakter und seine eigene Würde. Wir verschmutzen nicht nur das Wasser und verletzen die Achtung vor den anderen Lebewesen, indem wir ihnen zumuten, in Dreck und Gift zu leben, wir beschmutzen auch das Meer selbst, statt es zu fürchten und zu lieben. In ihm liegen die Ursprünge des Lebens, und nicht nur das Hervorgebrachte verdient Ehrfurcht, sondern das Hervorbringende zuvor. Ebenso geht es mir, wenn ich einen Acker sehe, auf dem und an dessen Rändern keine Wildkräuter mehr blühen. Es tut mir leid um die Pflanzen, die hier nun aussterben, aber darüber hinaus tut mir die Erde selber leid, daß sie all dies Leben nicht mehr hervorbringen darf.

Die Atmosphäre in ihrer Eigenheit wahrzunehmen, fällt schwerer. Es ist die Energie der Sonne, die sie bewegt, so wie der Wind dann das Wasser aufrührt. Die Wellen aber, die es ohne den Wind nicht gäbe, sind dennoch die eigene Bewegung des Wassers, angeregt durch den Wind, und dieser ist seinerseits die eigene Bewegung der Luft. Wie stark der Wind auf das Leben bezogen ist, erleben wir, wenn er durch die Bäume fährt und alles Abgestorbene der Erde zurückgibt. Mehr noch als das Wasser, das in der Stille nur ausgeglichen ist, hat die Atmosphäre aber auch die Kraft der Stille. Sie läßt alles durch sich hindurchziehen, das Licht aber so, daß sie selber davon hell und zu einem Himmel über der Erde wird. Die Atmosphäre ist selbst mit den Anfängen des Lebens entstanden und ist unter den vier Elementen der Entwicklung des Lebens dadurch am unmittelbarsten verbunden. Nun wird auch sie, in der die Pflanzen dem Licht entgegenwachsen und die Tiere atmen und die alles so geborgen hat, daß man es kaum spürte, in den Zerstörungskreis hineingezogen. Ist dies nur schade für die Lebewesen? Verdient die Atmosphäre weniger in ihrem eigenen Dasein und um ihrer selbst willen Respekt als die Erde und das Meer oder gar als diese oder jene Lebewesen? Ich denke, nicht.

Der Verantwortungskreis ist nun so groß, daß nichts mehr nur um eines anderen willen da sein soll, weder ein Teil der Menschheit nur für einen anderen, noch die anderen Lebewesen nur für die Menschen, noch die Elemente des Lebens nur für die Lebewesen. Sie alle haben ihren Eigenwert im Ganzen der Natur, und um seinetwillen verdient ein jedes Rücksicht im Handeln derer, denen die Naturgabe Vernunft dies einzusehen ermöglicht. In diesem Kreis ist nun nicht mehr nur das Mitsein mit anderen Menschen und der übrigen Lebewelt das Maß unseres menschlichen Selbstseins, sondern die gesamte Mitwelt ist es. Nicht der Mensch ist das Maß aller Dinge, sondern alles, was mit uns ist, ist das Maß unserer Menschlichkeit.

# 4
# Grundgedanken einer holistischen Ethik

Die Erweiterung des menschlichen Verantwortungskreises von der bloßen Rücksicht auf sich selber bis hin zu der auf die gesamte natürliche Mitwelt in ihrem jeweiligen Eigenwert verbindet sich mit einer entsprechenden Erweiterung des menschlichen Selbstverständnisses. Wer diesem Gedankengang nicht nur hypothetisch – wie auf einem Spaziergang – folgt, sondern danach nicht wieder an den Ausgangspunkt zurückkehrt, ist schließlich ein anderer als zuvor, und dem veränderten Selbstverständnis wird ein verändertes Handeln entsprechen. Von einer Stufe zur nächsten aber wird man nicht nur ein anderer, sondern man nimmt sich selber mit. Erst dadurch kommt der Mensch ganz zur Welt.

## Wie der Mensch zur Welt kommt

Verstehe ich mich erstens als dieser Leib, der anderen gegenübertritt, so endet die Rücksicht auf ihn, der ich bin, nicht damit, daß ich mich außerdem zweitens als Sohn meiner Eltern sowie aus der Gemeinschaft mit anderen verstehe und mich entsprechend verhalte. Diese erweiterte Identität wiederum wird eingebettet drittens in die der Zugehörigkeit zu meinem Land, wenn ich mein Selbstsein so erweitere, daß in der Rücksicht auf meinen eigenen Leib und meinen persönlichen Umkreis außerdem die Interessen der so verstandenen Allgemeinheit nicht verletzt werden dürfen. Auf diese wiederum werde ich auch viertens als Weltbürger Rücksicht nehmen, jedoch so, daß ich nicht mehr bereit bin, für nationale Interessen zu Lasten der internationalen Völkergemeinschaft einzutreten, und die weltbürgerliche Identität wird neuerlich erweitert, wenn ich fünftens als Mensch schlechthin überdies auf die Toten wie die künftigen Generationen Rücksicht nehme. Auf dieser Stufe meinen die Anthropozentriker, nun wüßten sie, was sie andern schuldig sind und worauf es im Leben ankommt. Wer nun aber sechstens einsieht, daß die Menschheit keine geschlossene Gesellschaft ist und siebtens die Tiere und Pflanzen als unsere naturgeschichtliche Verwandtschaft erfährt, wird sich selbst als »Leben, das leben will, inmitten von Leben, das leben will« (Schweitzer 1923/1974, II.377) erkennen und als Mensch nicht mehr zum Schaden der Biosphäre insgesamt handeln wollen. Im letzten Schritt wird dann achtens die Natur des Ganzen so als die unsere erfahren, daß die vorangegangene Folge von Identitäten in dieser aufgehoben und die Rücksicht auf das Ganze allen anderen Rücksichten vorgeordnet wird.

Das immer umfassendere Verständnis der menschlichen Personalität und das Aufgehobensein der engeren in den erweiterten Bestimmungen entspricht einer Ganzheitlichkeit des menschlichen In-der-Welt-Seins, die wiederum mit der Räumlichkeit beginnt. Man lebt nicht nur in der eigenen Wohnung, sondern zugleich in dem Haus, zu dem sie gehört, in der Straße, zu der das Haus gehört, in dem Stadtteil, zu dem die Straße gehört, in der Stadt, zu der der Stadtteil gehört, in dem Land, zu dem die Stadt gehört, in dem Erdteil, zu dem das Land gehört, und auf der Erde, zu der der Erdteil gehört. Die Wohnqualität oder Unwirtlichkeit einer Stadt zeigt sich daran, ob man in ihr so gut wie in der eigenen Wohnung lebt, in beiden gleichermaßen zu Hause sein kann. Heute gilt es, auf der Erde insgesamt zu Hause sein zu können, und dazu darf das menschliche Selbstsein weder an der Haustür noch an den Grenzen einzelner Länder enden.

*Von sich aus* zu denken, ist also in sehr verschiedener Weite möglich, je nachdem, wieweit man sich zur Welt gehörig fühlt. Der Mensch kann »von sich aus« egozentrisch, nationalistisch, anthropozentrisch oder physiozentrisch denken, also keineswegs nur anthropozentrisch, wie manche meinen, denn das egozentrische Denken ist noch nicht einmal anthropozentrisch, das physiozentrische nicht mehr. Eine einfachere Unterscheidung, die üblicherweise gemacht wird, ist die zwischen einem egoistischen und einem altruistischen Verhalten. Beides aber läßt sich nicht so scharf trennen, daß nicht auch das Denken vom andern her sich als eine Art von Selbstsein erweist. Das christliche Gebot der Nächstenliebe lautet deshalb nicht, man solle sich altruistisch verhalten, sondern man solle den andern lieben *wie sich selbst*, d.h. das Verhältnis zum andern in eins mit dem eigenen Selbstsein finden. Man kann den andern nicht annehmen ohne sich selbst und sich selbst nicht ohne den andern. Daß es dabei nicht nur um andere und anderes geht, sondern gleichermaßen um sich selber, wird leicht übersehen. Die ganzheitliche Abstufung, wie wir in einer mehr oder weniger umfassenden Weise von uns selbst her denken und uns schließlich auf der achten Stufe im Ganzen der Natur zur menschlichen und zur natürlichen Mitwelt wie zu uns selbst verhalten können, identifiziert alle Verhältnisse zu anderen und anderem von vornherein mit dem zu uns selbst.

Mancher mag sich denken, nach dem bisherigen Stand des menschlichen Selbstverständnisses sei es etwas zu viel verlangt, nun gleich so umfassend denken zu sollen, wie es sich aus den vorangegangenen Überlegungen ergibt. Wäre es nicht schon ein großer Fortschritt, wenn eine bisher allenfalls auf ihre jeweiligen nationalen Interessen Rücksicht nehmende Menschheit nun zunächst einmal die der Menschheit insgesamt, sogar einschließlich der künftigen Generationen wahrnehmen würde? Dies wäre kein philosophischer Einwand gegen die Richtigkeit des Wegweisers, physiozentrisch denken zu sollen, wohl aber eine politische Moderation der Radikalität des philosophischen Gedankens. Ich kann diese Moderation jedoch auch politisch nicht gutheißen, denn man kann hier zwar nicht alles auf einmal haben, aber die möglichen Schritte können in allen acht Verantwortungskreisen zugleich begonnen werden. Es gilt in Zukunft generell möglichst umfassend zu denken und zu handeln, wohingegen die kleine Umweltpolitik, mit der man es bisher versucht hat, gerade daran krankt, daß immer nur ein Schrecken dem andern folgt und partielle, wenn nicht nur symbolische, Aktionen hervorruft, niemals aber vom Ganzen her gedacht wird. Dies ist so, als würde man Deiche jeweils nur vor ein Dorf bauen.

Von sich aus über die Grenzen des eigenen Leibes hinaus zu denken, mag etwas einfacher gewesen sein, als die Erde noch die Mitte des Universums zu sein schien, wir Menschen also zwar nicht selbst das Zentrum waren, wohl aber um dieses herum wohnten. Von sich aus zu denken, hieß für Platon, kosmisch zu denken: Die Bewegung der Menschenseele sollte sich nach der des Himmels richten, indem wir »die Umläufe der Vernunft am Himmel erblickten und sie für die Umschwünge unseres eigenen Denkens benutzten, welche jenen verwandt sind« (*Timaios* 47b). Diejenigen, die dies nicht verstanden, sollten das Ihre wenigstens von der Erde aus denken, beispielsweise als Hirten für die Schafe um ihrer selbst willen sorgen und nicht der Milch oder des Bratens wegen. Der Verlust des geozentrischen Weltbilds durch die kopernikanische Wende, mit der die Neuzeit beginnt, hat es dann ungemein erschwert, von sich aus noch gleichermaßen umfassend zu denken.

In der Politik kann man aber auch den Fehler machen, nicht genug an die Menschen zu glauben. Man soll sich keine Illusionen machen, aber wer nur sagt: Die Welt ist schlecht, und sein Verhalten danach einrichtet, macht sie noch schlechter, als sie ist. Ohne Hoffnung sind wir verloren, auch in der Politk. Damit die Welt besser wird, müssen wir daran glauben, daß sie nicht hoffnungslos verderbt ist. Verderbt ist sie, ja, aber nicht hoffnungslos. Ohne den Glauben an den Menschen gibt es auch keine Demokratie.

Der Christ weiß: »Von Gottes Gnade bin ich, was ich bin« (1. Kor. 15, 10), und auch in anderen Religionen erkennen Menschen sich erst in Gott als sie selber. Durch die seit der kopernikanischen Wende anhaltende Säkularisierung ist dem neuzeitlichen Abendland dieser Rückhalt mehr und mehr verloren gegangen. Statt von sich als von denen aus zu denken, die als »Mitarbeiter Gottes« (1. Kor. 3, 9), der die Welt in Christus geschaffen hat (Kol. 1, 16), die Wege des Lebens zu gehen suchen, kommt der neuzeitliche Mensch im anthropozentrischen Weltbild nur noch begrenzt zur Welt. Von sich aus zu denken hieß nun: vom Individuum, von der eigenen Familie, vom eigenen Stand, von der eigenen Klasse oder vom eigenen Land aus und noch lange nicht von der Menschheit aus zu denken, wie die Kolonisierung der Dritten Welt bis hin zur Klimakrise beweist.

Der Weg, der uns bleibt, um auch nach dem Verlust des geozentrischen und des christlichen Welt- und Menschenbilds von uns aus umfassender denken zu können, ist der der *Vernunft*. Ihn hat Immanuel Kant gewiesen. Dabei sind wiederum die Dinge der Natur, für die die Naturgesetze gelten, von der Natur des Ganzen zu unterscheiden, der diese Gesetze entsprechen. Diese *eine* Natur ist es, so dachte Kant, die »unserm Willen Vernunft zur Regiererin beigelegt« (*Grundlegung zur Metaphysik der Sitten*, A 4) hat. Die Vernunft ist danach eine *Gabe der Natur*, die nicht nur unsere menschliche Natur ist, und kraft dieser Gabe erkennen wir das Sittengesetz: *»Handle so, als ob die Maxime deiner Handlung durch deinen Willen zum allgemeinen Naturgesetze werden sollte«* (a.a.O. A 52). So zu handeln ist dann aber nicht eine Pflicht gegenüber einer Instanz, die nicht wir selber sind, sondern unser Wille aus eigener Einsicht, und dies ist so, als ob wir uns das Gesetz aus innerer Führung selber gäben. So finden wir in der Naturgabe Vernunft das nicht nur menschliche Maß unserer Menschlichkeit. Von uns aus zu denken heißt danach, nicht *nur* von uns aus zu denken, sondern vermöge der Vernunft von der Natur des Ganzen aus, so wie es in uns vernünftig wird. Vernünftig zu handeln ist eine im Menschen lebendige Gabe der Natur. Welche Naturabsicht in der Menschengeschichte liegen könnte, hat Kant in seiner *Idee zu einer allgemeinen Geschichte in weltbürgerlicher Absicht* (1784) beschrieben.

Kant so zu verstehen, mag denen ungewöhnlich vorkommen, die aus seiner praktischen Philosophie vor allem erinnern, wie er die Freiheit jenseits der Sinnenwelt gefunden und diese letztere – nach dem damaligen Stand der Wissenschaft – erbarmungslos den deterministischen Naturgesetzen überlassen wollte, statt auch sie unter Bestimmungen der Freiheit zu denken. Die Irritation ergibt sich dadurch, daß die – von Kant deterministisch bestimmten – *Dinge der Natur* mit *der Natur* verwechselt werden, das Seiende mit dem Sein, kraft dessen es ist.

Der Gedanke, daß dem Menschen, wenn er »auf die Natur hinhört« vernünftige Einsicht in den Zusammenhang des Ganzen oder den »Logos« zuteil werden kann, stammt aus der griechischen Naturphilosophie (Heraklit, Diels-Kranz B 112). Auch Kant hat ihm nicht widersprochen, wohl aber betont, daß die Vernunft eine Naturbegabung *des Menschen* ist. Jeder Gedanke, den wir fassen, ist dementsprechend *anthropomorph*, menschenhaft, so wie nach Uexküll alles Gesehene auch augenhaft erscheint. Daraus folgt keineswegs, daß man außerdem *anthropozentrisch* denken müsse, also auf die natürliche Mitwelt nicht um ihrer selbst willen Rücksicht nehmen, sondern sie nur im menschlichen Interesse berücksichtigen wollen sollte. Aus dem Persönlichsein des individuellen Handelns folgt ja auch nicht die Egozentrik. Soweit Kant selber anthropozentrisch gedacht hat, sollten wir ihm nicht folgen, dabei aber nicht hinter die Einsicht in die Anthropomorphie des menschlichen Denkens und das Ziel der Bestimmung des menschlichen Willens vom Ganzen der Natur her zurückfallen.

Wie umfassend es heute von uns aus zu denken gilt, ist eine Frage, die sich für uns ohnehin anders stellt als für Kant. Zu seiner Zeit kam es darauf an, von der Menschheit her verantwortlich denken zu sollen. Der preußische Geist war dafür offen. Der mit der Französischen Revolution aufkommende Nationalismus brachte dagegen zwar einen argen Rückschlag, gleichwohl aber sind im modernen Rechtsstaat neue Formen entstanden, *gemeinsam* Verantwortung wahrzunehmen. Dabei bedarf jede nicht nur individuelle Verantwortung einer *Allgemeinheit*, in der viele Individuen sich so verbinden, daß sie sich mit ihr identifizieren und als sie selber die gemeinsame Verantwortung wahrnehmen. Wo bleibt heute die gemeinsame Wahrnehmung der gemeinsamen Verantwortung im Verhältnis der Industrieländer zu denen der Dritten Welt, und wo die der gemeinsamen Verantwortung für die natürliche Mitwelt? Wir verhalten uns so, als gälte es nicht, diesen Verantwortungen von uns aus gerecht zu werden. Der Anspruch der Demokratie aber ist es, nicht mehr Kaiser und Könige die Subjekte gemeinsamer Verantwortung sein lassen zu wollen, und dann gilt es auch, die entsprechenden globalen Allgemeinheiten sowohl im menschlichen Selbstverständnis als auch politisch zu konstituieren.

Aristoteles hat den Menschen als ein *von Natur politisches* Lebewesen (*Politik* 1253a3) verstanden und damit unsere politische Bestimmung, im Mitsein mit anderen und anderem politische, d.h. gemeinsame Verantwortung wahrnehmen zu können, als eine Naturbestimmung angesehen. *In uns also wird die Natur politisch.* Die politischen Umwälzungen der Neuzeit haben die gemeinsame Verantwortung in einem Teil der Welt immerhin bis zu der des modernen Rechtsstaats entwickelt, freilich nur in vielen souveränen Einheiten. Der Aufstand für die Natur sollte nun dazu führen, daß die weitergehende Gemeinsamkeit entsteht, ohne die wir der Verantwortung für das globale, längst über die einzelstaatliche Organisation hinausreichende Handeln der Industrieländer nicht gerecht werden. Das Ziel dieses Aufstands ist die Gerechtigkeit im Ganzen, oder der *Frieden mit der Natur*, der der Teile mit dem Ganzen in einer weltweiten Allgemeinheit. In uns kommt die Natur zur Sprache, von ihr aus denken wir von uns aus, und in uns wird sie politisch. Von uns hängt es ab, ob sie die Chance der Freiheit, die sie im Menschen hat, wahrnimmt oder verfehlt.

Daß unser Mitsein sowohl mit anderen Menschen, auch denen der Dritten Welt, als auch der natürlichen Mitwelt zum Wesen des Menschen gehört, ist kein neuer Gedanke. »Ich weis nicht warum man immer von einer abgesonderten Menschheit spricht«, sagte Novalis. »Gehören Thiere, Pflanzen und Steine, Gestirne und Lüfte nicht auch zur Menschheit und ist sie nicht ein bloßer Nervenknoten, in den unendlich verschiedenlaufende Fäden sich kreuzen? Läßt sie sich ohne die Natur begreifen –? ist sie denn so sehr anders, als die übrigen Naturgeschlechter?« (1799, Randbemerkungen zu Schlegels *Ideen*, § 51).

Mit der Erfahrung der Natur in der Sinnenwelt muß sich die Erfahrung derselben Einheit und Ganzheit in unserer menschlichen Natur verbinden, damit wir uns in der Welt insgesamt zu Hause fühlen. Wir erleben die Natur der äußeren Welt sogar erst dann, wenn wir sie in eins als unsere eigene, innere Natur erfahren, d.h. die natürliche Mitwelt erkennen wie uns selbst und uns im Erkennen auch zu erkennen geben. Dies ist das Programm einer alternativen Wissenschaft. Wir erleben auch unsere innere Natur erst dann wirklich, wenn wir sie zugleich als die Natur der Sinnenwelt wiedererkennen.

Die ganzheitliche Struktur der menschlichen Personalität, die sich mit der Entfaltung der Verantwortungskreise gezeigt hat, ist die Brücke von der im modernen Rechtsstaat erreichten Stufe der Allgemeinheit des menschlichen Selbstseins zu der umfassenderen, in der auch das Mitsein mit der natürlichen Mitwelt zur Menschlichkeit gehört. Wir sind nicht nur Individuen, Söhne oder Töchter und Staatsbürger, sondern darüber hinaus Weltbürger und Glieder der Gemeinschaft der Natur oder des Ganzen. Dieses Ganze ist nicht die Summe aller derer, die an ihm teilhaben, sondern sie alle sind das, was sie sind, nur in ihrer vielfältigen Bestimmung vom Ganzen her. Dies gilt für Menschen anders als für Katzen, Sonnenblumen und Meere, aber es gilt für sie alle gleichermaßen. Wirklich *von uns aus* denken und handeln wir erst, wenn es in globaler Verantwortung von der Natur als unserer eigenen Natur aus geschieht.

Daß die Teile vom Ganzen her bestimmt sind, und zwar in Stufen verschiedener »Simplifikationen«, ist der Grundgedanke des naturphilosophischen Holismus meines Vaters (A. Meyer-Abich 1934, 1935). Umwelt haben bedeutet danach »im Lebendigen nie etwas anderes als eben dieses Selber-wieder-Glied-Sein in einer übergeordneten Ganzheit. Ganzheiten existieren realiter immer nur in Ganzheiten« (A. Meyer-Abich 1950, 52f.). Ist nun die menschliche Person ihrer sozialen und natürlichen Mitwelt gleichermaßen ganzheitlich zugewandt, so daß auch sie im Sinn der oben entwickelten Stufenfolge mehr oder weniger umfassend bestimmt werden kann, so entspricht dem physiozentrischen Weltbild eine Ethik und politische Philosophie. Jenseits der rechtsstaatlichen Allgemeinheit globale Verantwortung im Frieden mit der Natur wahrzunehmen und dadurch die politische Naturbestimmung des Menschen zu erfüllen, entspricht insoweit dem programmatischen Ansatz des Holismus als einer *Philosophie des politischen Menschen* (A. Meyer-Abich 1935, 27).

In einem physiozentrischen Weltbild, das nach den Überlegungen des vorangegangenen Kapitels nun an die Stelle des anthropozentrischen treten sollte, hat alles, belebt oder unbelebt, seinen Eigenwert im Ganzen der Natur. Dies ist keine Rückkehr zum geozentrischen Kosmos der Antike. Nicht die Erde ist es, sondern die Natur des Ganzen, um die sich nun alles runden soll und die für alles, was geschieht, der ruhende Bezugspunkt wird.

Auf alles in seinem Eigenwert Rücksicht zu nehmen und nichts nur aus Eigennutz oder in einem sonstigen Eigeninteresse berücksichtigen zu sollen, kann wie eine unerfüllbare Forderung klingen. Müßten wir uns nicht jeglicher Veränderung in der Welt enthalten, wenn alles so, wie es ist, geachtet werden und bewahrt werden soll? Wovon sollten wir uns dann ernähren? Am Ende dürfte nicht einmal ein Bildhauer mehr einen Stein in eine Skulptur verwandeln, denn so bliebe der Stein nicht, was er war. Und würde er dadurch nicht in seinem Eigenwert verletzt?

Die Welt so wieder zu verlassen, als wären wir gar nicht da gewesen, ist nicht möglich, vor allem aber nicht der Sinn des menschlichen Lebens in der Naturgeschichte. Im Gegenteil: Wozu wären wir da, wenn eine Welt mit Menschen nicht sogar anders sein *soll* als eine Welt ohne Menschen? Ich halte es für ganz falsch, uns jeglicher Veränderung möglichst enthalten zu wollen. So gut ich verstehe, daß angesichts der durch die Industriegesellschaften verursachten Zerrüttung der natürlichen Mitwelt viele meinen, der Mensch sei wohl doch nicht dazu geschaffen, etwas Gutes in die Welt zu bringen: Diese Folgerung kann ich mir nicht zu eigen machen. Nachdem wir es mit der Weltveränderung in den vergangenen zweihundert Jahren so dumm angefangen haben, wie es in Zukunft ja nun wirklich nicht weiterzugehen brauchte, sehe ich überdies keinen Grund zur Resignation.

Zweierlei ist zu berücksichtigen, um nach den bisherigen Fehlschlägen nicht gleich aufzugeben oder es sich mit einer vermeintlichen Unausweichlichkeit der Anthropozentrik allzu bequem zu machen. Einmal haben alle Dinge und Lebewesen ihren Eigenwert nicht in ihrer jeweiligen Vereinzelung, sondern *im Ganzen der Natur*. Im Mittelpunkt steht *die Natur*, weder das einzelne Ding oder Lebewesen noch die Art, und dies gilt für sie alle, nicht nur für den Menschen. So wie dieser erst dann ganz von sich aus denkt, wenn er vom Ganzen her denkt, sind auch alle anderen Dinge und Lebewesen ihrem Wesen nach so groß wie die ganze Welt, d.h. sie erfahren ihre eigentliche Bestimmung vom Ganzen her.

Zum andern ist der Naturzusammenhang aller Lebewesen und Dinge, so wie ich das Mitsein im zweiten Kapitel begründet habe, ein geschichtlicher. *Die Natur hat eine Geschichte*, Vergangenheit und Zukunft. Sie drängt auf etwas hin, was erst werden soll. Die Schöpfung ist noch im Gang, sie ist nicht schon gewesen, und sie ist noch lange nicht zu Ende. »Gott ... ist das Ziel der Natur – dasjenige, mit dem sie einst harmoniren soll«, sagte Novalis (1798/99, *Das Allgemeine Brouillon*, § 60). Die Natur entwickelt sich, und dabei kommt erst heraus, was sie eigentlich ist. Ich denke, wir Menschen sollen dazu beitragen, daß dies geschieht. Dann aber bleibt außer für uns auch für die natürliche Mitwelt zunächst einmal offen, wieweit ein Ding oder Lebewesen seine geschichtliche Bestimmung so, wie es gerade ist, bereits erfüllt oder ob es sie noch weitergehend erfüllen könnte. »Es gilt das Naturgemäße vor allem in dem zu suchen, was sich naturgemäß verhält, und nicht im Zerrütteten«, empfahl Aristoteles zu Recht (*Politik* 1254a 36f.), und diese Regel können wir nun auch geschichtlich denken, über den gegenwärtigen Zustand hinaus. Der Eigenwert der Dinge und Lebewesen im Ganzen der Natur ist dann das, was aus ihnen *werden* kann, wenn sich das Ganze in ihnen so erfüllt, wie ihr besonderes Dasein angelegt ist: er ist ihre Natur als der Inbegriff ihrer besseren Möglichkeiten, oder ihre Entelechie. Alles so in seinem Eigenwert zu achten, ist das Prinzip einer physiozentrischen Ethik, und jeder gegenwärtige Zustand ist *daraufhin* zu bewerten.

Welche Richtung die naturgeschichtliche Entwicklung bisher gehabt hat, ist für uns wissenschaftlich nachvollziehbar. Ihr Ausgangspunkt, den wir kosmologisch als Urknall extrapolieren, war der sozusagen langweiligste Zustand der Weltgeschichte: nichts als Energie und so gleichförmig, daß noch keines von einem andern zu unterscheiden war. Aus diesem geladenen Punkt aber ist im Lauf von Milliarden Jahren ein fast ewiger, immer schönerer und immer vielfältigerer Kosmos geworden, das Weltall, und auf unserem Planeten eine ebenso reiche Vielfalt des Lebens. Dies alles geschah von alleine, von Natur. Aus schöpferischer Kraft entfaltete sich die Welt zu Sternensystemen, Licht und Dunkel, Himmel und Erde, Land und Wasser,

Berg und Tal, Tier und Blume, Baum und Stein sowie schließlich auch zur Menschheit in allen Himmelsrichtungen. »Mit leisem Gewicht und Gegengewicht wägt sich die Natur hin und her, und so entsteht ein Hüben und Drüben, ein Oben und Unten, ein Zuvor und Hernach, wodurch alle die Erscheinungen bedingt werden, die uns im Raum und in der Zeit entgegentreten« (Goethe, HA XIII.316). Mit allem, was sie hervorbringt, treibt die Natur sich fort, auch mit uns, wie Goethe an anderer Stelle sagte (HA XIII. 45).

Die allgemeine Ausrichtung dieser Entwicklung ist, daß sich in zunehmender Vielfalt immer neue Gestalten bilden. Aber es gibt dabei auch Rückschläge. Etwa seit der industriellen Revolution nimmt die Vielfalt schnell wieder ab, weil die Menschheit zu Lasten der Lebensgrundlagen lebt. Vor allem der wirtschaftliche Aufschwung der Industrieländer seit dem Zweiten Weltkrieg hat zu einem rapiden Artensterben geführt, das noch andauert und in der Naturgeschichte so noch nie vorgekommen ist. Der generellen Entwicklung gegenläufige Phasen hat es, wenn auch weniger plötzlich und weitreichend, jedoch auch ohne Zutun des Menschen gegeben, besonders die Eiszeiten. So wenig alles, was entsteht, bereits seiner naturgeschichtlichen Bestimmung zu entsprechen braucht, ist anzunehmen, daß die Natur sich mit allem, wie es gerade ist, so gut wie möglich forttreibt. Die Formen des Lebens sind ja auch nicht durchweg zweckmäßig, sondern nur zweckmäßiger als die, welche nicht erhalten geblieben sind.

Der faktischen Naturgeschichte, soweit wir sie kennen, ist also nicht zu entnehmen, wie z.B. die von uns verursachte Klimaänderung relativ zu denen der früheren Naturgeschichte zu bewerten ist. Zwar wäre es ein Fehlschluß, aus der »Natürlichkeit« nicht vom Menschen verursachter Klimaänderungen die Rechtfertigung weiterer Veränderungen zu folgern. Es ist wohl überhaupt noch nie vorgekommen, daß – wie es jetzt geschieht – der weitaus größte Teil aller Arten von Lebewesen auf einmal ausgerottet worden ist. Nach der bisherigen Entwicklung der natürlichen Mitwelt aber ist dies nicht als zulässig oder unzulässig zu bewerten. Woher gewinnen wir dann einen Maßstab für das menschliche Handeln?

Eine Antwort auf diese Frage zu finden, ist philosophisch nicht so schwer, wie es scheint. Man darf nur wieder nicht die *eine* Natur, die des Ganzen, von dem auch wir ein Teil sind, mit der natürlichen Mitwelt, dem nichtmenschlichen Teil der Welt, verwechseln. Nach dem

Stand der Erkenntnistheorie sind nämlich auch die Gesetze, von denen die Naturwissenschaft handelt, nicht der Sinneserfahrung zu entnehmen, sondern wir erkennen sie dadurch, daß die Vernunft sie – in Kants berühmter Formulierung – nach ihrem eigenen Entwurf selbst hervorbringt. Dies ist dadurch möglich, daß die Vernunft die in unserem Denken sich hin und her wägende Stimme der Natur ist, die Weise, in der die Natur des Ganzen vermöge *erkenntnis*leitender Motive in uns zur Sprache kommt. So ist es aber nicht nur in der Naturwissenschaft, sondern die Vernunft ist vermöge *handlungs*leitender Motive auch zur Bestimmung unseres *Willens* die in unserem Denken – als dem Gespräch der Seele mit sich selbst – lebendige Stimme der Natur.

Das mich bewegende Motiv ist, daß die Natur sich mit uns forttreibt und daß es an uns liegt, wie weit dies gelingt. Von erkenntnis- und handlungsleitenden Motiven lassen sich auch diejenigen leiten, welche – anders als ich es tue – die bisherige industrielle Wirtschaft für vernünftig und eine holistische Ethik für irrational halten. Diese Beweggründe sollten so wenig im Verborgenen bleiben wie die meinen. Soviel ich sehe, hat die zerstörerische Rationalität der Industriegesellschaft in der Wissenschaft wie in der Wirtschaft zutiefst emotionale, letztlich religiöse Beweggründe, die sich aus einer Verdrängung des Todes ergeben und die Rationalität der Mittel in der Waffentechnik wie in der zivilen Technik so weit treiben, daß die Tödlichkeit der Ziele aus dem Blick gerät. Ich bin nicht bereit, dieses Denken noch als vernünftig anzuerkennen, und halte es für gänzlich verkehrt, den Aufstand für die Natur als einen Aufstand gegen die Vernunft anzulegen. Vielmehr muß die Vernunft für das Leben zurückgewonnen werden.

Kommt die Natur nicht nur zur Bestimmung unseres Erkennens, sondern auch zu der unseres Willens im Umgang mit der Sinnenwelt in uns zur Vernunft, was hat sie uns zu sagen? Und wie definitiv können die Antworten sein, die wir hier erwarten dürfen? Hinsichtlich der Naturwissenschaft ist das Kantsche Programm in der Theoretischen Philosophie auch durch Carl Friedrich von Weizsäcker, der dies zu seiner Lebensaufgabe gemacht hat, erst teilweise erfüllt. Gleichermaßen eine *Praktische*, auf das Handeln bezogene *Philosophie der Natur* entwickeln zu sollen, ist überhaupt erst in der Umweltkrise als Aufgabe erkannt worden. Die herkömmliche Praktische Philosophie ist – auch hinsichtlich der Politik – im allgemeinen nicht über den dritten Verantwortungskreis des vorangegangenen Kapitels hinausgekommen, und nur in wenigen Fällen über die Anthropozentrik. Die Praktische Philosophie der Natur steht dementsprechend noch am Anfang. Ich stelle in diesem Kapitel die nach meinem Ansatz wesentlichen Grundgedanken einer holistischen Ethik zur Diskussion.

## *Ernährung*

Kommt nur herein, auch hier sind Götter, sagte Heraklit zu den Gästen, die ihn in der Küche antrafen, und das heißt umgekehrt: Die klügste Philosophie taugt nichts, wenn sie sich nicht auch in der Küche bewährt. Für die praktische, der Orientierung unseres Handelns gewidmete Philosophie ist dieses Kriterium sogar zentral, weil es das einzige Handeln betrifft, welches nur um den Preis der Lebensfähigkeit unterbleiben könnte, also mit dem Leben nicht grundsätzlich unvereinbar sein kann. Mein Ausgangspunkt ist deshalb das praktische Dasein des Menschen als essendes und trinkendes Wesen in der Natur.

Wie wir uns ernähren, ist der Prüfstein für eine physiozentrische Ethik und der Angelpunkt einer Praktischen Philosophie der Natur, weil wir dabei von anderem Leben leben. Voneinander zu leben, ist ein Organisationsprinzip der Natur. Wir gehören so sehr zur Natur, daß auch wir, wie alle Lebewesen, von der Mitwelt leben müssen, und zwar – wie unsere tierischen Verwandten – zumindest von Pflanzen, indem wir sie töten oder verletzen. Wir sind auf andere angewiesen und nehmen uns, was wir zum Leben brauchen. *Was sind wir dafür schuldig*? Ich sehe nicht, wie wir dieser Frage entgehen könnten. Der Satz: Was man ist, das blieb man andern schuldig, gilt auch hinsichtlich der natürlichen Mitwelt, von der wir leben. Und wenn wir erkennen, auf etwas angewiesen zu sein, und wissen, daß Angewiesenheiten immer in Zusammenhängen stehen, so liegt der Gedanke auf der Hand, daß es außer der unseren andere Angewiesenheiten gibt, die sich umgekehrt auf uns richten.

Es gibt schwerlich einen archaischeren Umgang mit der natürlichen Mitwelt, als etwas zwischen die Zähne zu nehmen, zuzubeißen, es zu zerkauen und hinunterzuschlucken. Darauf unausweichlich angewiesen zu sein, kann leicht zu der für den einen verzweifelten, für den andern bequemen Konsequenz verleiten: Wenn wir allemal so leben müssen, dann kommt es nicht mehr darauf an, wieweit wir damit gehen. Ebenso könnte man schließen: Da wir sowieso sterben müssen, ist es egal, welche Todesrisiken wir während des Lebens eingehen.

Eine andere Konsequenz wäre es, aus der Frage: Was sind wir dafür schuldig, daß wir von anderem Leben leben?, theologisch die unausweichliche Schuldhaftigkeit des so bestimmten Daseins herauszuhören. Ich halte das nicht für falsch, aber wie sollen wir in diesem Fall mit der Schuld umgehen? Meines Erachtens sind wir den Pflanzen oder Tieren, von denen wir leben, wenn wir sie schon verspeisen, jedenfalls schuldig, dies in *Dankbarkeit und Freude* zu tun, statt sie voller Gram, damit neuerlich Schuld auf uns zu laden, in uns hineinzumuffeln. »Daß der Sinn des leiblichen Lebens erst in der Erfüllung des ihm innewohnenden Anspruchs auf Freude erschöpft wird« (Bonhoeffer 1963, 168): Freude am Essen und Trinken, an der Liebe, an Kleidung und Erholung, Freude an Leben und *mit* Genuß, aber nicht nur *als* Genuß, ist vielleicht sogar der Schlüssel für eine Erneuerung der Industriegesellschaft. Wenigstens kann ich mir, wie Fontane in den *Poggenpuhls*, »nicht denken, daß Gott die Welt aus Verdrießlichkeit geschaffen hat«.

Sind diese Freuden, wenn sie in uns leiblich werden, nur die unseren oder wird damit auch Freude *in die Welt* gebracht? Die Blume im Garten oder auf dem Feld ist schön, aber ist eine Welt, in der einige geschnittene Blumen den Tisch oder ein Kleid schmücken, nicht doch noch schöner, als wenn Blumen nur in Gärten oder auf Feldern stehen? Kann sich nicht sogar der Lebenssinn der einzelnen Blume in ihrem Eigenwert gerade darin erfüllen, daß sie den besonderen Tisch oder das Kleid schmückt? Und ist es nur schön für uns, wenn Radicchio, Zucchini, Frisée, Tomaten und Paprika mit kaltgepreßtem Olivenöl und Acceto balsamico zu einem Salat werden? Sie alle kämen nicht so zusammen, wenn Menschen nicht in dieser und anderer Weise Kultur in die Welt bringen würden. Ist eine Welt, in der es so prächtige Salate gibt, nicht vielleicht doch schöner als ohne diese? Ich gehe noch einen Schritt weiter: Trägt es vielleicht sogar zur Schönheit der Welt und nicht allein zu unserer Freude, geschweige denn nur zu unserer Ernährung bei, wenn ein Fisch kunstvoll angerichtet und gegessen wird? Ist der Fisch hier nur das bedauernswerte Opfer unseres Lebens von anderem Leben, oder erfüllt sich die Bestimmung des Fischs im Ganzen der Natur vielleicht auch darin, daß einige Fische durch ein Fest in Freude und Schönheit aufgehen?

Ich weiß, alle diese Fragen sind sehr gewagt. Sie klingen so, als begäbe ich mich auf den Weg der Rechtfertigung des anthropozentrischen Handelns in einem physiozentrischen Weltbild. Was sagen wir, wenn nun jemand kommt und meint: Ja, wenn das so ist – Freude habe ich auch an meinem Auto, und so lasse ich mir die Physiozentrik am Ende doch noch gefallen. Ich antworte darauf, daß ich nicht die private Annehmlichkeit meine, sondern frage, ob der Souverän, den ich meinen Willen durch innere Führung bestimmen zu lassen wünsche, meine Freude teilen könnte, und dies dann auch für den Fisch. Das ist nicht anthropozentrisch gedacht, denn hier soll nicht der Mensch das Maß aller Dinge sein. Um die in uns leiblich gewordene Freude am Mitsein mit anderen Menschen, den Pflanzen im Salat und mit dem Fisch entsprechend zu bewerten, brauchen wir nur als nächstes zu überlegen, was nach dem Essen geschieht. Nehmen wir an, daß die Abfälle alle verwertet werden. Welches weitergehende Handeln entsteht aus der Freude an den Gaben der Natur? Sind wir gekräftigt, weiter darauf hinzuwirken, daß eine Welt mit Menschen schöner wird, als sie es ohne uns wäre, oder schaffen wir uns durch gepflegte Mahlzeiten lediglich einen Ausgleich dafür, sonst nur Häßlichkeit und Zerstörung in die Welt zu bringen? Wer sich durch den Fisch kräftigt, um nachher dafür zu sorgen, daß solche oder andere Fische in Zukunft nicht mehr leben werden, dürfte der Bestimmung jenes Fischs auch durch die kultivierteste Küche nicht gerecht geworden sein.

Wenden wir uns von dem, was auf das Essen folgt, zu dem, was ihm vorangegangen ist, so zeigt sich überdies, daß man sich nicht an allem freuen kann, was man sich genommen hat. Wer Fleisch oder Eier aus der Massentierhaltung ißt, beim Kauf also um den Preis der Tierquälerei Geld spart, kann daran keine wahre Freude haben, denn dieser Preis ist zu hoch, und ein Fest kann aus einem solchen Essen nicht werden. Für Milchprodukte und Eier kommt es entsprechend darauf an, wie die Tiere gehalten werden, von denen sie stammen. Ersparnisse durch Tierquälerei sind ihren Preis auch hier nicht wert. Wer Fleisch ißt, sollte außerdem grundsätzlich dazu bereit sein, die betreffenden Tiere in dem jeweiligen Ausmaß selbst zu schlachten und für die Art, in der dies geschieht, einzustehen. Die jüdische Regel, nur geschächtetes Fleisch zu essen, hatte den Sinn, mit dem Blut des Tiers sein Leben der Erde zurückzugeben, bevor das Fleisch gegessen wird (Liedke 1979, 144). Dies ist in dem Grundsatz, daß die

Qualität einer Mahlzeit auch von ihrer Vergangenheit abhängt, immer noch eine sehr weise Regel, auch wenn das Blut nicht mehr als der Inbegriff des Lebens angesehen wird. Für Pflanzen gilt dasselbe. Sie werden in der industriellen Landwirtschaft vielleicht nicht ganz so gequält wie Tiere, aber viel besser geht es ihnen nicht. Es ist also nicht nur das Gemüse, der Fisch oder das Fleisch, was auf den Tisch kommt, sondern sie alle haben eine Vorgeschichte, die mit auf den Tisch kommt. Nur wenn sie gelebt haben, bevor sie geschnitten oder geschlachtet wurden, so daß Menschen ihnen zuvor um ihrer selbst willen gerecht geworden sind, dürfen wir uns mit dem Essen fragen, was wir ihnen nun weiter schuldig sind. Andernfalls sollten wir sie gar nicht essen, sondern sie freilassen, um wenigstens ein wenig wieder an ihnen gutzumachen.

Einige Anregungen für die weiterführende Frage können wir dem Verhalten anderer Lebewesen entnehmen. Diese fragen sich zwar, wie es scheint, nicht, was sie dafür schuldig sind, von ihrer natürlichen Mitwelt zu leben; sie sind aber durch Angepaßtheit so in der Wahrheit, die wir erst suchen müssen, daß sie ihre Schuldigkeit von alleine tun, ohne es zu wissen, denn das Wissen gehört nicht zu ihrer Natur. In der Biologie werden diese Zusammenhänge traditionell als Zweckmäßigkeiten beschrieben. Die wunderbare Organisation der natürlichen Mitwelt, wie alle Lebewesen, indem sie ihr eigenes Leben leben, zugleich für andere da sind, hat vor allem die Naturforscher des 18. Jahrhunderts begeistert. Daß wir Menschen, wenn wir bestenfalls für einige unserer Artgenossen da sind und uns darauf sogar noch etwas zugutehalten, im Naturgefüge des Füreinanderdaseins keine besonders gute Figur machen, war bisher kein Thema der Praktischen Philosophie.

## *Kunst*

Nächst der Ernährung ist die Kunst ein fast gleichermaßen unmittelbarer, sinnlicher Umgang mit den Dingen, jedoch weniger problematisch, weil um eines Kunstwerks willen in der Regel keine Lebewesen verletzt oder getötet werden. Die Kriterien des Umgangs mit den Dingen lassen sich hier ebenso sinnlich, aber unbefangener bedenken. Damit verbindet sich die Chance, endlich auch die Schönheit in die Ethik einziehen zu lassen.

Gedanken werden im Menschen leibhaftig. Das Denken ist mit

uns ein Prozeß in der Natur geworden, so wie Pflanzen blühen und Tiere sich bewegen. Sie können auch mündlich weitergegeben werden, und ihre Leibhaftigkeit in Artefakten wie Büchern ist nicht essentiell für ihr Dasein. Dies ist anders in der bildenden Kunst. Ein Kunstwerk kann seinem Wesen nach nicht nur ein Gedanke sein, so sehr auch dieser dazugehört, sondern bedarf der Leibhaftigkeit außerhalb des Menschenleibs, nicht notwendigerweise nur als Unikat, jedoch auch dies in vielen Fällen.

Farben werden aus organischen oder anorganischen Stoffen gewonnen. Pflanzen müssen zu Leinwand oder Hölzer zu Tafeln werden, damit ein Bild gemalt werden kann. Die Stämme gefallener Bäume werden zersägt und gespalten, damit eine Skulptur entsteht. Steine werden aus der Erde herausgeschnitten und Erze zu Metall geschmolzen, damit daraus Skulpturen werden können. Verglichen mit denen der industriellen Wirtschaft, sind diese Eingriffe geringfügig, aber ist ihre Zulässigkeit nur ein Frage des Ausmaßes? Kann im Kleinen ganz unbedenklich sein, was im Großen zerstörerisch wird?

Die Kunst unterscheidet sich dadurch von der industriellen Wirtschaft, daß diese das, was sie den Lebenszusammenhängen der Natur entnimmt, nur »zu scheinbar neuem Leben erweckt und ihm zugleich sein eigentliches Wesen aussaugt, bis es alsbald als tote Hülle zerfällt und weggeworfen wird« (Bonhoeffer 1963, 112f). Die Kunst hingegen erweckt die Dinge, in denen sie leibhaftig wird und Erdenschwere gewinnt, zu einem wahrhaft neuen Leben. Dies zeigt sich am unmittelbarsten dort, wo ihre Leibhaftigkeit nicht nur dazu benutzt wird, um anderes darzustellen, z.B. Ölfarbe für ein Porträt. Zwar kommt es auch hier keineswegs nur auf den Kopf an, sondern die künstlerische Leistung liegt gerade darin, wie die Materialeigenschaften der Farbe zu einem Gesicht erweckt worden sind. Leichter zu sehen ist dies aber doch, wo der Betrachter nicht durch ein dargestelltes Drittes abgelenkt wird, sondern die Materie des Bildes als sie selbst zu einem Leben erweckt wird, das sie sonst nicht hätte, z.B. der Zement in früheren Bildern von Tápies, der Rupfen bei Manzoni, die Wellpappe bei Schoonhoven oder die Farbe selbst in ihrer Farbigkeit bei Albers und Rothko, in ihrer Lichtigkeit und Trübe bei Calderara und Erdmann.

Hier überall wird den Dingen kein fremdes Leben eingeblasen, in dem sie aufflackern und dann zugrunde gehen würden, sondern sie werden in einer Weise zu sich selbst gebracht, wie die Natur es ohne den Menschen in der Regel nicht zustande bringen würde. Dasselbe gilt für die Bildhauerei. Knochen bildet die Natur auch ohne Menschen, Moore-Skulpturen aber nicht, und ist eine Welt mit diesen nicht schöner als ohne sie? Baumstämme können, wenn sie gefallen sind, jenseits des Todes eine eigene Schönheit entwickeln, aber Holzskulpturen wie die von Steinbrenner entstehen daraus von alleine nicht. Pyramiden sind in der ägyptischen Wüste, worauf mich die Bildhauerin Brigitte Matschinsky-Denninghoff aufmerksam gemacht hat, Naturformen. So vollkommen wie die Königsgräber des Alten Reichs aber werden sie nur von Menschenhand.

Das Bemerkenswerte an all diesen Beispielen ist, daß die Kunstwerke, obwohl sie Artefakte sind, in einer Weise nach Natur aussehen, wie die Natur es ohne Menschen nicht zustände gebracht hätte. Kunst befreit die Natur, erlöst sie von den Unstimmigkeiten, unter denen sie noch leidet. Von allem menschlichen Tun ist es mir für die Kunst am wenigsten zweifelhaft, daß die Natur sich hier mit uns forttreibt und wir insoweit unserer Bestimmung gerecht werden. Zwar gelingt nicht jedes Kunstwerk, aber einige tun es, und es gibt die Chance des Gelingens immer wieder neu. Kunst ist ein menschlicher Beitrag zur Naturgeschichte, mit dem wir der Natur etwas dafür geben, daß wir von der natürlichen Mitwelt leben. Adorno meinte: »Was die Natur vergebens möchte, vollbringen Kunstwerke, sie schlagen die Augen auf« (1970, 104), hat das schöne Bild so aber mit einem falschen Gegensatz belastet. Denn es ist die Natur, die in der Kunst die Augen aufschlägt und sich selbst erblickt. In der Kunst wird die Natur ihrer selbst *sinnlich* gewahr, so wie in der Philosophie geistig, seitdem sie sich durch uns, die wir von Natur sind, erstmalig selber als das angesprochen hat, was sie ist: als *phýsis*.

Die Leibhaftigkeit der Kunstwerke ist die reinste Form des menschlichen Umgangs mit den Dingen, weil hier keiner Not genüge getan, sondern die natürliche Mitwelt *von sich aus* noch besser zur Erscheinung gebracht werden soll, als sie es von alleine vermöchte. Die Reinheit dieses Umgangs wirkt kathartisch auf die menschliche Seele, wenn sie den Zugang zum Kunstwerk sucht. Indem die Natur ihrer selbst gewahr wird, werden auch wir ihrer als unserer eigenen Natur gewahr. Kunst ist die Erkenntnisform, in der dies möglich ist.

Demgegenüber ist der Zugang der klassischen Physik und der ihr folgenden Naturwissenschaften zur natürlichen Mitwelt – unabhängig vom subjektiven Bewußtsein der Wissenschaftler, dem häufig keinerlei Interesse an »Anwendungen« innewohnt – von vornherein so angelegt, daß Technik ermöglicht wird. Naturgesetze sind Machtformen, und wenn sie sich im Experiment nicht als solche bewähren, werden sie wieder verworfen. Beziehen wir den Gegensatz zwischen Kunst und Wissenschaft hinsichtlich der *natürlichen* Mitwelt auf die entsprechende Alternative im Verhältnis zur *menschlichen* Mitwelt in der Zeit der Kolonisierung, so entspricht Oviedos oben beschriebene Haltung der naturwissenschaftlichen. Im Gegensatz dazu stand zur selben Zeit der Ansatz von Bernardino de Sahagún (1499–1590).

Sahagún wollte die spanische Herrschaft über die Kolonien weder legitimieren wie Oviedo, noch in Frage stellen wie Las Casas (1475–1566), sondern die fremde Kultur aus sich heraus zur Sprache kommen lassen, so wie es inzwischen zum Erkenntnisideal der Ethnologie geworden ist. Dazu lernte er zunächst einmal die Sprache eines mexikanischen Volks, mit dem er sich beschäftigen wollte, und fing dann auch nicht gleich an, mit den Leuten zu reden, sondern fragte sie zunächst einmal, ob sie überhaupt mit ihm reden wollten. Man erbat sich Bedenkzeit, beschied ihn aber mit einem Ja, als er zur vereinbarten Zeit wiederkam. Danach gab es jahrelange Gespräche, die in *beiden* Sprachen und Schriften aufgezeichnet wurden (Sahagún 1982, 73). Aus sich heraus hätte das befragte Volk diese Selbstdarstellung wohl nicht zustande gebracht. Die äußere Einwirkung sollte dennoch nicht weiter gehen, als die fremde Kultur in ihrem eigenen Wesen zur Sprache zu bringen. Diesem Verhältnis zur menschlichen Mitwelt entspricht das künstlerische zur natürlichen Mitwelt. Es wäre gut, wenn die Wissenschaft der Kunst auf diesem Weg folgte. Goethe hat ihn ihr angewiesen.

## *Arbeit*

Von der natürlichen Mitwelt zu leben, hat um so mehr Lebensart je künstlerischer es geschieht, ist aber mit erheblich weiterreichenden Eingriffen in die Lebenszusammenhänge verbunden als die Kunst. In den Ländern der Dritten Welt besteht die Wirtschaftstätigkeit in der Regel noch weit überwiegend aus Landwirtschaft. In den Industrieländern ist dieser Anteil auf wenige Prozent gesunken. Wozu macht man sich die übrige Arbeit?

In der industriellen Wirtschaft werden mittlerweile um ein Vielfaches mehr Kapitalien als Sachwerte ausgetauscht. Die Abstraktion von einer Produktions- zur Geldwirtschaft geht über die Entfremdung der Arbeit, wie Marx sie wahrgenommen hat, weit hinaus. Dementsprechend wird der Verdienst zu einem Hauptziel der Arbeit, mehr als das Bewirken einer sinnlichen Veränderung. Naturphilosophisch aber ist auch die unsinnlichste Arbeit letztlich danach zu bewerten, mit welchen konkreten Veränderungen in der natürlichen Mitwelt sie sich verbindet. Ich beschränke mich deshalb auf diese. Welcher Umgang mit den Dingen und Lebewesen der Natur also ist weder zur Ernährung noch als Kunst zu rechtfertigen, sondern um der Gebrauchswerte willen, die zur Zivilisation der Industriegesellschaft gehören?

Auf der Linie der vorangegangenen Überlegungen liegen Gesichtspunkte, die ich im ersten Kapitel von Stifters *Nachsommer* (1857) gefunden habe. Der junge Heinrich Drendorf erklärt dort, er habe es generell nicht gern, »wenn man einen Gegenstand zu etwas anderem machte, als er war. Besonders kränkte es mich, wenn er, wie ich meinte, durch seine Veränderung schlechter wurde. Es machte mir Kummer, als man einmal einen alten Baum des Gartens fällte und ihn in lauter Klötze zerlegte. Die Klötze waren nun kein Baum mehr, und da sie morsch waren, konnte man keinen Schemel keinen Tisch kein Kreuz und kein Pferd daraus schnitzen.« Mit anderen Worten:

- Man soll überhaupt nur dann etwas ändern, wenn es dazu einen guten *Grund* gibt.
- Jede Veränderung ist die *Metamorphose* eines Bestehenden, das selber bereits einen Wert hat, in ein Künftiges.
- Wenn etwas geändert wird, soll es dadurch *besser* werden als zuvor.
- Besser kann es nicht nur durch Kunst werden, sondern auch durch die Verwandlung in *Gebrauchs*gegenstände.

Was im Rahmen einer holistischen Ethik als ›besser‹ gelten darf, ist das Thema dieses Buchs. Für den Wirtschaftsprozeß werde ich das Ergebnis im Folgenden in einer Reihe von Kriterien zusammenfassen.

Stifters Gesichtspunkte gelten nicht nur für die Kunst. Ohnehin gibt es Übergänge zwischen Kunst und Gebrauchswerten. Künstler, besonders die Maler, wollen in der Regel von einem Nutzen ihrer Werke nichts wissen, weil sie – mit Recht – ein verengtes Verständnis von Nutzen befürchten, wenn sie sich darauf einlassen. Ich plädiere dafür, dieses Risiko dennoch einzugehen, weil es der Entwicklung der Gebrauchswerte nicht gut tut, wenn man zwischen sie und die

Kunst einen Abgrund legt, so daß sie um eine künstlerische Beurteilung herumkommen. Der Schönheit eines Baums tut es ja auch keinen Abbruch, daß man seine Früchte essen kann. Warum also sollten wir nicht ägyptische Pyramiden, frühromanische Kirchen, den Dogenpalast in Venedig, Michelangelos Platz auf dem Kapitol, Palladio-Villen und anderes schlicht als Kunstwerke wahrnehmen? Dementsprechend hielte ich es für ein sehr ehrenwertes Ziel des Städtebaus, daß eine Stadt als Gesamtkunstwerk der »Lebenskunst« Raum geben und auch die Wirtschaft insgesamt sich entsprechend orientieren sollte.

Um dabei vom Ganzen der Natur her zu denken, müssen Städte in Landschaften eingebettet und diese ihrerseits so gestaltet werden, daß sie – zumindest im Umfeld der Städte – als Kulturlandschaften der Stadt Raum geben. Die mitteleuropäische Parklandschaft, so wie sie noch um 1800 ausgesehen hat, ist ein gutes Beispiel dafür, daß Landschaften durch die kulturelle Gestaltung gewinnen bzw., wenn diese Kultur als der menschliche Beitrag zur Naturgeschichte verstanden wird, in der natürlichen Entwicklung sogar weiter gehen können als die unberührte Natur. Ohne Menschen wäre Mitteleuropa im wesentlichen von Buchenwäldern bedeckt und die Artenvielfalt seit der letzten Eiszeit erheblich weniger gewachsen als durch die Landwirtschaft, solange sie noch Agri-Kultur war. Entsprechende Beispiele bietet die Landschaftsgestaltung in England. Innerhalb der Städte wiederum kann die natürliche Mitwelt in Gärten so zu sich selber kommen, wie es ohne Menschen nicht geschähe. Dazu brauchen Pflanzen die Freiheit, nicht nur so zu wachsen, wie Menschen dies vorgesehen hatten.

Gärten und Kulturlandschaften entstehen freilich nur dann, wenn Menschen entscheiden, daß einiges dort leben darf und anderes nicht. Dies ist nicht nur eine Frage der pflanzlichen Vergesellschaftung, sondern auch des Schutzes einiger Pflanzen vor anderen. Nicht jedes Kraut sollte, überall, wo es gerade wächst, zum Wildkraut idyllisiert werden. Giersch im Garten ist und bleibt ein Teufelszeug. Und soll ich etwa nicht die Läuse von meinen Rosen klopfen dürfen, wenn sie nicht von Marienkäfern oder ihren Larven gefressen werden?

Jenseits der Garten- und Landschaftsgestaltung würde wohl eine sozusagen Sokratische Wirtschaft den Eigenwert der natürlichen Mitwelt am ehesten respektieren. Ich meine damit eine Wirtschaft, die ihre Güter »maieutisch« zur Welt kommen ließe und sie nach unserem Vermögen vom Ganzen her bewertete. Dabei entsteht das Problem, wie wir es mit den Geburtsschmerzen halten wollen, die mit der kulturellen Metamorphose der natürlichen Mitwelt durch den Wirtschaftsprozeß in anderer Weise verbunden sind als mit dem Erkenntnisprozeß in Platons Dialogen. Hans Christian Andersen hat diesen Werdeschmerz in seinem Märchen »Der Flachs« beschrieben.

Der Flachs steht auf dem Feld, kommt zur Blüte und denkt – in unserer Empfindung, denn das Denken ist in der Naturgeschichte uns zugefallen: Dies ist die Vollendung, so schön habe ich werden können! Dann kommen die Schnitter, und ihm wird arg mitgespielt, bis er sich schließlich in einem gewebten Leinenstoff wiederfindet. Und da kommt es ihm nach all der Not nun doch so vor, als sei dieses Leinen – mit anderen zusammen ein so schöner Stoff geworden zu sein – vielleicht eine noch höhere Vollendung als das Blühen auf dem Feld. Auch dabei aber bleibt es nicht, sondern der Stoff wird zerschnitten und genäht, das tut wieder furchtbar weh. Schließlich entsteht daraus jedoch ein festliches Kleid, das mit Freude getragen wird. So strapaziös die Verwandlung war, ist es nun nicht doch noch schöner, dieses Kleid zu sein als nur Stoff in der Truhe? Das Kleid wird oft getragen, und immer ist der Flachs dabei, schließlich aber ist es abgetragen und bleibt im Schrank. War dies das Leben, so hatte er es dennoch weit gebracht. Es schien aber noch nicht vorbei zu sein, denn eines Tages ging es wieder los, und was nun kam, war noch furchtbarer als zu Leinen zu werden – so ein Reißen, Kochen und Quetschen hatte der Flachs noch nie erlebt. Schließlich aber war er dann zu Papier geworden, einem wunderschönen, großen weißen Bogen Leinenpapier. War dies nun nicht noch viel schöner als alles zuvor? Und doch war die Geschichte noch nicht zu Ende, sondern auf das Papier wurde ein Buch gedruckt. Das war erneut ein arges Geschneide und Gepresse, aber mit welchem Ergebnis! Weißes Papier ist schon sehr fein, aber nun erst das bedruckte als Träger von Gedanken, die noch viel feiner und leichter sind als das Papier, auf dem sie stehen. War nicht doch erst dies der Gipfel der Vollendung?

Es bleibt eine letzte Stufe, und hier scheiden sich die Geister. Als der Besitzer gestorben war, wurde das Buch nämlich verbrannt. Die eine Lesart ist nun: Also war doch alles vergeblich. Die andere ist, und so hat es wohl auch Andersen gemeint: So im reinen Licht und in Wärme aufzugehen, daß fast nichts an Erdenschwere zurückbleibt, ist das nicht noch schöner als Papier und Worte?

Verwandlungen wie die in Andersens Märchen beschriebenen geschehen nicht nur durch menschliches Zutun. Wenn der Vogel die Mücke frist und sie ihm Kraft zum Fliegen gibt, so wird die Mücke in Vogelflug verwandelt, und dieser ist so leicht und vergänglich wie die Flamme. Der Vogel lebt den Tod der Mücke. Dabei muß auch des Todes der Mücke gedacht werden, mit Trauer, trotz des schönen Vogelflugs, jedoch ohne ihr nachzutrauern.

Wie es Nahrungsketten in der natürlichen Mitwelt gibt, an die wir uns so anschließen sollten, daß das Gesamtgefüge des Füreinanderdaseins nur möglichst wenig gestört wird, können wir das Andersen-Märchen zum Vorbild für entsprechende Metamorphose-Ketten in der Wirtschaft nehmen. Die dafür entscheidenden Elemente der Flachsgeschichte sind zunächst, daß die Pflanze natürlich gewachsen und so zu ihrer Lebensblüte gekommen ist, sodann die strikte Wiederverwertung der Dinge nach dem Verlust ihres jeweiligen Gebrauchswerts. Darüber hinaus aber beschreibt Andersen die Metamorphose des Flachses so, daß daraus ein Lebensweg wird, der wie eine Reifung weit über die pflanzliche Frucht hinaus aussieht und mit dem dazugehörigen Werdeschmerz verbunden ist. Hier stehen wir neuerlich vor der Frage, was wir der Pflanze und der Natur insgesamt, in der sie ihren Wert hat, dafür schuldig sind, daß sie unter der menschlichen Wirtschaftstätigkeit leidet.

Andersen schreibt den Schmerz, der mit jeder Metamorphose verbunden ist, dem Subjekt zu, das als der Flachs bis in das Buch hinein fortlebt, aber er beschreibt ihn so, daß er der unsere werden kann, und darauf kommt es an. Verlebtes darf zerschnitten und verwandelt werden, damit Neues entsteht, aber ohne die Trauer über das Vergangene wird das Neue kein Schritt in die Zukunft. Wissenschaftlich zu ermitteln, wieweit Pflanzen nicht nur während ihrer Lebenszeit, sondern auch nach ihrem Tod leiden können, wäre demgegenüber relativ belanglos. Entscheidend ist, daß wir das Leiden, in dem sich der Ursprungsschmerz, aus dem Leben gerissen zu werden, fortsetzt, selber erleben – nicht darum, daß wir es anderweitig festzustellen versuchen. Die zum menschlichen Leben gehörige »Schmerzarbeit« (V. von Weizsäcker 1926/1987, V. 35ff.) muß die natürliche Mitwelt mit umfassen, wenn sie zu uns gehört.

Die industrielle Wirtschaft ist weit davon entfernt, im Umgang mit den Dingen Andersens Sensibilität zu entwickeln. Wenn sie sie hätte, brauchte ich dieses Buch – das selbst eine Metamorphose von Bäumen ist, die ich leider nicht gekannt habe, die aber hoffentlich einmal die Chance des Lebens gehabt haben – nicht zu schreiben. Schon Goethe sah in einem Gespräch mit Eckermann für die Menschheit »die Zeit kommen, wo Gott keine Freude mehr an ihr hat und abermals alles zusammenschlagen muß zu einer verjüngten Schöpfung« (23. Oktober 1828). Er konnte meinen, daß es damit noch gute Weile habe, aber dies sieht heute bereits ganz anders aus. Wir brauchen uns darüber nicht zu wundern. In unserer Gesellschaft, und die Wirtschaft tut sich darauf sogar noch etwas zugute, ist tendenziell derjenige am ehesten erfolgreich, der im Handeln keinen anderen Maßstab als sich selber kennt, und zwar in der kleinstmöglichen Fassung, nämlich der ersten Stufe des vorangegangenen Kapitels. Das war nicht immer so, hat aber eine lange Vorgeschichte, an die ich hier nur kursorisch erinnern kann.

Charakteristisch für diese Geschichte ist, daß der mit den Kreuzzügen in den ersten Jahrhunderten dieses Jahrtausends begonnene Aufbruch seine Fortsetzung in den Entdeckungs- und Eroberungsreisen um die Erde gefunden hat, und diese dann ihrerseits ein Vorbild für den Siegeszug von Naturwissenschaft und Technik gewesen sind. Man tut dem Mittelalter Unrecht, wenn man es für unaufgeklärt und dunkel hält, denn die Vision einer geistig und politisch offenen Welt, in der eine erwachende Menschheit in die Schöpfung eintritt, ist im Mittelalter gereift, und ob das Ende dieses Jahrtausends aus dieser Sicht seinem Anfang viel voraus hat, halte ich für unausgemacht. Es war eine Vision von Wahrhaftigkeit und diskursiver Offenheit in der Klarheit und Helle der griechischen Vernunft, hinter die wir wieder zurückzufallen drohen. Von Anfang an aber gab es merkwürdige Begleiter.

Der Mönch Roger Bacon phantasierte im 13. Jahrhundert davon, wie vermöge einer neuen Experimentalwissenschaft Waffen erfunden werden könnten, mit denen Menschen über große Entfernungen zu töten wären, ohne daß es auch nur einer Berührung bedürfe, und gedachte dadurch die Ungläubigen von der Überlegenheit des Christentums zu überzeugen. Das war siebenhundert Jahre vor der Erfindung der Neutronenbombe und vierhundert Jahre vor der Begründung der modernen Naturwissenschaft. Seit dem 14. Jahrhundert erschienen auf den Heiligenbildern allmählich die Stifter mit im Bild, wie sie die Heiligen verehrten. Dies hätte wohl auch anders als anthropozentrisch ausgehen, beispielsweise die Nachfahren zu entsprechend frommen Gaben anregen können. Dann aber nahmen die Stifter auf den Bildern immer mehr Raum ein, näherten sich der Diagonalen, überschritten sie, und schließlich verschwanden die Heiligen ganz von den Bildern. So rückten die Menschen in den Mittelpunkt. Francis Bacon (1561–1626) schließlich proklamierte im 17. Jahrhundert, durch Wissenschaft und Technik einen Schleichweg in das Paradies zurückzufinden, aus dem wir einst vertrieben worden waren.

In der modernen Wirtschaft sollte der Mensch vollends zum Maß aller Dinge werden. Dabei konnte Adam Smith noch hoffen, eine unsichtbare Hand werde weiter dafür sorgen, daß die entbundenen Wirtschaftsubjekte sich nicht um jeden Preis zu Lasten anderer und des Ganzen bereichern würden. Aber das Korrektiv waren nur die noch weiter wirkenden Traditionen, und diese verhinderten schon die frühindustrielle Ausbeutung von Menschen durch Menschen nicht mehr. In der Umweltkrise hat der wirtschaftliche Eigennutz die Industriegesellschaft erneut an den Abgrund geführt.

Nun haben die realsozialistischen Länder, die in der Umweltkrise noch näher am Abgrund stehen als die marktwirtschaftlich organisierten, diesen durch ihren wirtschaftlichen Zusammenbruch noch einmal ein beträchtliches Terrain eröffnet, sich hier weiter vorzuarbeiten. Die Selbstgefälligkeit und Kurzsichtigkeit, in der diese Chance ergriffen zu werden droht, lassen mindestens noch einmal so schlimme Zerrüttungen befürchten, wie sie schon der Wirtschaftsaufschwung nach dem Zweiten Weltkrieg mit sich gebracht hat. Ausgerechnet in der Umweltkrise setzt sich der marktwirtschaftliche Eigennutz nun vollends absolut, erklärt sich als die Quelle des Lebens und zersetzt dessen Grundlagen wie seine eigenen. Aufzuhalten wäre dies nur noch durch den alles weitere verweigernden Aufstand für die Natur.

Es ist gerade die größte Tugend der industriellen Wirtschaft westlicher Art, die sie blind für den Abgrund macht, nämlich ihre Anpassungsfähigkeit oder Flexibilität. Denn solange der Wirtschaft kein äußerer Rahmen gesetzt wird, den sie nicht sprengen darf, so daß sie keinen andern Maßstab als sich selbst kennt, werden äußere Fehlentwicklungen nicht wahrgenommen. Zwar finden unablässig Anpassungen statt, aber doch immer nur im Interesse der eigenen Stimmigkeit, egal wohin die Reise geht. Die Tugend der Anpassungsfähigkeit verkehrt sich dadurch zur Fähigkeit der *Anpassung an Fehlentwicklungen*. Beispielsweise entsteht in der Umweltkrise zwar ein Anpassungsdruck zur Gewinnung intakter Lebensgrundlagen, jedoch nicht zur Vermeidung der zerstörerischen Prozesse, sondern so, daß durch eine der Zerstörung folgende Sanierung erneut Gewinne erwirtschaftet werden können, z.B. in der Abfallwirtschaft statt in der Abfallvermeidung. Ein besonders paradoxes Beispiel ist die Züchtung industriefester Pflanzen, vielleicht sogar von Wäldern, welche gegen die Vergiftung der Umwelt resistent sind, statt diese Vergiftung selbst zu unterlassen.

Der äußere Maßstab, der dieser Wirtschaft gesetzt werden muß, ist die Einbettung in das Ganze der Natur. Dazu gilt es anzuerkennen, daß die natürliche Mitwelt in diesem Ganzen ihren Eigenwert hat und nicht als Ressource verwirtschaftet werden darf. Insoweit ist die Krise der Industriegesellschaft eine Krise ihres Verhältnisses zur Natur. Diese Einbettung muß aber gesellschaftlich vermittelt sein. Menschen und Völker sind es, die ihre Wirtschaft wieder in die Lebenszusammenhänge einfügen müssen. Dies beginnt damit, im Umgang mit der natürlichen Mitwelt überhaupt neue Orientierungen zu finden, die an die Stelle der bisherigen treten sollen. Es wäre besser gewesen, von Anfang an Novalis' Einsicht zu folgen: »Wenn die Menschen einen Schritt vorwärts tun wollen zur Beherrschung der äußern Natur durch die Kunst der Organisation und der Technik, dann müssen sie vorher drei Schritte der ethischen Vertiefung nach innen getan haben ... Tun sie diese drei Schritte nach innen nicht vor dem ersten Schritt nach außen, so entsteht aus diesem sogenannten Fortschritt zuletzt nur namenloses Unglück« (zitiert nach Schipperges 1984/85, 49). Soweit sind wir nun, und es droht immer schlimmer zu werden, aber die Kraft zur ethischen Vertiefung könnten wir auch jetzt noch finden.

Die vorangegangenen Überlegungen über den Umgang mit der natürlichen Mitwelt in der Ernährung, in der Kunst und in der Arbeit können am ehesten so auf einen Nenner gebracht werden, daß im Wirtschaftsprozeß *kulturelle* Bestimmungen geltend zu machen sind. Der Wirtschaft müssen Ziele und Grenzen gesetzt werden, die nicht aus ihr selbst zu begründen sind, indem sie einen kulturellen Rahmen erhält, in dem sich bemißt, was wirtschaftliche Erfolge sind und was nicht. Wie teuer kommen uns scheinbar billige Produkte wirklich zu stehen? Hier für die im weitesten Sinn »gesellschaftlichen Kosten« (K. W. Kapp) letztlich gerade die Kultur zum Maß zu wählen, hat den historischen Reiz, daß die Wirtschaft als Kultur, nämlich in der traditionellen Landwirtschaft, die natürlichen Lebensgrundlagen bisher am ehesten gepflegt und bewahrt hat, jedoch keineswegs ohne nachhaltige Veränderungen. Auf dem jetzt durch einen hohen und noch unbezahlten Preis erreichten Niveau wirtschaftlicher Möglichkeiten den Frieden mit der Natur soweit wiederzufinden, wie er schon einmal bestanden hat, ist im Prinzip möglich, wenn wir es *wollen*, also von der Richtigkeit dieses Ziels überzeugt sind, und ist dann nicht einmal besonders schwer.

Was die Kultur im heutigen Sinn angeht, so gehört dazu jedenfalls die Kunst. Hinsichtlich alltäglicher Dinge wie der Ernährung und der Gebrauchsgegenstände spricht man zwar noch von Eßkultur oder von Wohnkultur, im allgemeinen aber denkt man sich das Reich der Kultur doch eher auf kulturelle Veranstaltungen, Aktivitäten und Einrichtungen wie Bildende Kunst und Musik, Museen und Theater beschränkt. Diese Einschränkung ist für die heute real existierende Industriegesellschaft keineswegs abwegig. Zu einer kulturellen Einbindung der Wirtschaft bedarf es aber natürlich eines umfassenderen Verständnisses von Kultur, in dem Kulturelles nicht primär veranstaltet wird, sondern Kultur die Form des Lebens ist und die Bereiche des Alltagslebens gerade nicht aus der kulturellen Bestimmung entlassen werden. Technik und Kunst haben sich zu Beginn der Neuzeit gemeinsam entwickelt, und die Kultur, zu der sie beide gehören, wäre der rechte Rahmen, um sie wieder in ein Verhältnis zueinander zu setzen.

Einer Wiedereinbindung in kulturelle Bestimmungen bedarf nicht nur die Wirtschaft, sondern auch in den Wissenschaften ist der menschliche Umgang mit der Natur seit etwa einhundert Jahren kaum noch unter kulturellen Gesichtspunkten wahrgenommen worden. Dies hing damit zusammen, daß die seit dem 19. Jahrhundert sogenannten Geisteswissenschaften neben den naturwissenschaftlich-technischen Disziplinen, die dem industriewirtschaftlichen Fortschritt verpflichtet waren, ins Abseits zu geraten drohten und sich dann als eine eigene Wissenschaftsgruppe konstituiert haben, welche den Naturwissenschaftlern und Technikern die äußere Welt überließ, sich selber aber auf das Innerliche, Individuelle und Geschichtliche konzentrierte. So verständlich dies war: Es hat dazu geführt, daß die natürliche Mitwelt erbarmungslos dem technisch-naturwissenschaftlichen Handeln überlassen wurde. Durch die völlige Vernachlässigung kultureller Bestimmungen hinsichtlich der Natur haben die Geistes- und Sozialwissenschaften maßgeblich dazu beigetragen, daß der industriewirtschaftliche Umgang mit der natürlichen Mitwelt aus einem kulturellen Rahmen entlassen worden ist. Hier auch in der Umweltkrise noch zu keiner Umkehr bereit zu sein, wird neuerdings von O. Marquard und anderen durch die sogenannte Kompensationsthese gerechtfertigt. Danach sollen die Geisteswissenschaften das Zerstörungswerk zwar erträglicher machen, indem sie ihm geistreich aufspielen, jedoch nichts dagegen tun.

Die Kulturschwäche unserer Gesellschaft zeigt sich außer in der Wirtschaft und in der Wissenschaft auch in der Politik. Vor allem die Meinungsbildung darüber, was die Industriegesellschaft wissenschaftlich und technisch in Zukunft wissen wollen sollte, wird immer noch viel zu weitgehend den »Experten« überlassen, obwohl damit politische Vorentscheidungen fallen, wie wir in Zukunft leben werden. Bücher wie das vorliegende sind ein naturphilosophischer Beitrag zu der die Allgemeinheit angehenden Überlegung, unter welchen Gesichtspunkten in Zukunft bewertet werden soll, wie eine Welt mit Menschen schöner und besser sein könnte als eine Welt ohne Menschen, z.B. in der Biotechnologie, in der Energietechnik, in der Landwirtschaft, in der Chemie usw. Geführt werden aber muß dieser Diskurs in der Öffentlichkeit, denn was hier besser und was schlechter ist, geht alle an, und dies müssen alle wissen wollen, wenn die Industriegesellschaft demokratisch sein will. Die Wiedereinbindung der Wirtschaft in einen kulturellen Rahmen ist auch eine Frage der politischen Kultur.

Kultur in dem weiten Sinn, in dem sie der Einbettung von Politik und Wirtschaft in das Ganze der Natur den gesellschaftlichen Rahmen gibt, ist das Spezifikum des menschlichen Lebensraums, und dessen Qualität bemißt sich politisch, wirtschaftlich und in der gesellschaftlichen Wirklichkeit der Natur an seiner kulturellen Prägung. *Kultur ist das, wodurch die Natur sich mit uns forttreibt*, was durch den Menschen in die Welt kommt und von der natürlichen Mitwelt sonst nicht so hervorgebracht würde.

Ein Bild von Max Ernst heißt *Mutter Natur im Brautkleit auf dem Pflaumenbaum*. Ohne das Bild zu kennen, könnte man eine Frau im Brautkleid auf einem Pflaumenbaum als Allegorie der Natur erwarten. Das Bild zeigt aber nur einen blühenden Baum. Mutter Natur lebt überall, als Tier und Blume, Baum und Stein. So wie sie als Pflaumenbaum lebt, ist sein Blütenkleid ihr Brautkleid. So wie sie in der Menschheit lebt, ist es die Kultur, die wir in die Welt bringen.

Neues Leben aber erblüht immer, indem anderes vergeht. So wie das Sterben bis in den Tod zum gesunden Leben des Individuums gehört, ist es auch für die verschiedenen Generationen der einzelnen Arten und für das Ganze der Natur. In Heraklits Worten: Diese leben den Tod jener und jene sterben das Leben dieser (Diels-Kranz B 62). Darin liegt die Hoffnung, daß im Weltlauf nicht nur gestorben wird, sondern daß die Sterbenden in denen, die für sie und in ihrem Sterben aufleben, im Ganzen selbst weiterleben, so wie die Mücke im Vogelflug. Der Wechsel von Tod und Leben aber und das Leiden, das damit verbunden ist, scheint so zur Natur zu gehören, wie es bereits in dem allerersten Satz, der uns aus den Anfängen der abendländischen Philosophie überliefert ist, ausgesprochen wurde. Er stammt von Anaximander von Milet (ca. 610 bis ca. 546 v. Chr.) und lautet: »Aus welchen (Dingen) aber die Genesis ist für die seienden Dinge, in diese hinein geschieht auch das Vergehen nach der Schuldigkeit. Denn es geben einander die Dinge Strafe und Buße für ihre Ungerechtigkeit nach der Anordnung der Zeit« (Diels-Kranz B 1; in der Übersetzung von Schadewaldt 1978, 240).

Dem bei Anaximander anklingenden Gedanken einer Rechtsgemeinschaft der Natur im Ganzen, in der sich die Bewegungsgesetze der natürlichen Mitwelt, welche wir Naturgesetze nennen, und die Rechtsgesetze des menschlichen Handelns verbinden, gehe ich in seiner heutigen Tragweite hier nicht weiter nach. Es läßt sich zeigen, daß die einen Gesetze nicht nur zu wissen und die anderen nicht nur zu wollen sind, sondern daß sich in beiden Wahrheit und Konsens verbinden. Für diesen Abschnitt fasse ich in den folgenden Thesen zusammen, wie der industriellen Wirtschaft im Interesse des Friedens mit der Natur kulturelle Grenzen gesetzt werden könnten, wenn wir dies wollen. Diesen Thesen zu folgen, bedeutete für die Wirtschaft eine Abkehr vom bisherigen Weg und für uns alle eine Umkehr zum Leben.

## *Umkehr zum Leben in der Wirtschaft: 24 Thesen*

1. Wir sind nicht dazu da, um die Welt wieder so zu verlassen, als seien wir gar nicht dagewesen.

2. Eine Welt mit Menschen soll schöner und besser sein als eine Welt ohne Menschen.

3. In der Umweltkrise gilt es, vor diesem Ziel nicht zu resignieren, sondern um so mehr darauf hinzuleben.

4. Nichts in der Welt ist nur für anderes da, sondern alle Dinge und Lebewesen haben ihren Eigenwert und sind in ihm zu achten.

5. Alle Dinge und Lebewesen haben ihren Eigenwert nicht für sich allein, sondern im Ganzen der Natur.

6. Die Natur ist geschichtlich, so daß auch die Dinge und Lebewesen ihren Eigenwert als eine geschichtliche Bestimmung haben, die im gegenwärtigen Zustand nicht bereits erfüllt zu sein braucht. Ihr Eigenwert ist das, was von Natur aus ihnen werden kann, wenn sich das Ganze in ihrem besonderen Dasein erfüllt.

7. Die Vernunft ist als die in uns lebendige Stimme (Logos) der Natur eine Gabe der Natur: die Weise, in der die Natur des Ganzen vermöge erkenntnisleitender und (für unseren Willen) handlungsleitender Motive in uns zur Sprache kommt.

8. Die Vernunft muß für das Leben zurückgewonnen und darf nicht für rationale Wege mit tödlichen Zielen beansprucht werden.

9. Eine Praktische Philosophie der Natur handelt von den Bedingungen des Friedens mit der Natur und ist dadurch für die Orientierung der Umweltpolitik von Bedeutung.

10. Der Angelpunkt der Praktischen Philosophie der Natur ist, daß wir von anderem Leben leben, auch darin ein Teil der Natur, und der Frage nicht entgehen können, was wir dafür schuldig sind.

11. Für unser Leben von anderem Leben sind wir der Natur schuldig, es mit Freude, festlich und kunstvoll zu tun; die durch Nahrung gewonnene Kraft unserer Bestimmung im Ganzen der Natur gemäß einzusetzen; den Lebewesen, die wir essen, zuvor um ihrer selbst willen gerecht geworden zu sein und in diesem Sinn von ›gesunden‹ Nahrungsmitteln zu leben.

12. Kunst bringt die Natur um ihrer selbst willen zur Sprache und ist deshalb diejenige sinnliche Tätigkeit, durch die wir der menschlichen Bestimmung im Ganzen der Natur am ehesten gerecht werden.

13. Kunst erweckt die Dinge, in denen sie leibhaftig wird, so zur Natur, wie diese es ohne Menschen nicht zustande gebracht hätte.

14. Jede Wirtschaftstätigkeit ist die Metamorphose eines Bestehenden, das bereits einen Wert hat, in ein Künftiges.

15. Wenn es keinen zureichenden Grund zur Veränderung von etwas gibt, soll es seiner anderweitigen Veränderung überlassen bleiben.

16. Wenn etwas geändert wird, soll es dadurch besser werden als zuvor. Dies ist auch durch Wirtschaftstätigkeit möglich, wenn der Geldwert sich an dem allgemeinen Willen bemißt, was im Frieden mit der Natur als besser und schöner gelten darf.

17. Je künstlerischer eine Wirtschaftstätigkeit ist, desto eher werden wir unserer Schuldigkeit gerecht.

18. Ein Beispiel, wie die Welt durch Wirtschaftstätigkeit verbessert werden kann, ist die Entstehung von Kulturlandschaften durch die traditionelle Agri-Kultur, ein anderes die von gewachsenen und in die Landschaft eingebetteten Städten.

19. Was aus der natürlichen Mitwelt in den Wirtschaftsprozeß hineingenommen wird, soll als eine Gabe der Natur empfangen werden. Die Vorgeschichte eines Wirtschaftsguts ist maßgeblich für den Wert, den es haben kann.

20. Jedes Gut hat auch dann noch einen Wert, wenn es in seiner jeweiligen Form den Gebrauchswert verloren hat. Es gilt ein Wiederverwertungsgebot.

21. Die Wiederverwertung soll so erfolgen, daß die Gabe der Natur, mit der der Prozeß begonnen hat, durch die Wirtschaft einen Lebensweg geht.

22. Die natürliche Mitwelt soll unter Bedingungen bewirtschaftet werden, unter denen der damit verbundene Schmerz der Wandlung erträglich ist. Um darüber urteilen zu können, muß der Schmerz von uns empfunden werden. Vergils »lacrimae rerum« (Aeneis I.462) gehören als die Trauer der Dinge und um die Dinge zur Verfassung des Seins.

23. Der Wirtschaft müssen Ziele und Grenzen gesetzt werden, die nicht aus ihr selbst zu begründen sind, indem sie einen kulturellen Rahmen erhält, an dem sich bemißt, was wirtschaftliche Erfolge sind und was nicht.

24. Mit uns Menschen treibt die Natur sich so fort, daß wir Kultur in die Welt bringen. Kultur ist unser Beitrag zur Naturgeschichte.

## Auf der Suche nach der verlorenen Natur

Die Wirtschaft ist von der Kunst weit entfernt, und doch ist jedes Wirtschaftsgut um so eher ein Kulturgut, wie wir es dem Ganzen der Natur als unseren Beitrag schuldig sind, je näher es der Kunst kommt. Der Begriff Lebenskunst ist geeignet, diese Orientierung zum Ausdruck zu bringen. Wirtschaft paßt um so besser in ihren kulturellen Rahmen und dadurch in den Lebenszusammenhang des Ganzen, je eher sie Bedürfnisse der Lebenskunst erfüllt.

Die Vorbildlichkeit der bildenden Kunst für die Einbettung der Wirtschaft in die Natur beruht auf der Natürlichkeit eines gelungenen Kunstwerks. Diese besteht nicht darin, daß Naturdinge in Kunstwerken »gegenständlich« nachgebildet werden, sondern darin, daß Kunstwerke die Natürlichkeit der natürlichen Mitwelt in den menschlichen Lebensraum hinein anders fortsetzen, als sie in der übrigen Natur bereits Gestalt angenommen hat, also darin, daß Kunstwerke mit der natürlichen Mitwelt gerade nicht die Gegenständlichkeit, wohl aber Natürlichkeit, das Natursein gemein haben. Skulpturen von Moore, Serra, Matschinsky-Denninghoff und anderen bilden keine Naturdinge nach, aber sie sind so natürlich, gehören so zur Natur, wie die Natur dies ohne Menschen nicht zustandegebracht hätte. In ihnen zeigt sich, wie der Mensch zur Natur gehört und in seiner Weise teil an ihren schöpferischen Kräften hat. Sonst wären sie nämlich keine Kunst, sondern bloß künstlich.

Kann die Natürlichkeit eines gelungenen Kunstwerks die eines Dings oder Lebewesens in der natürlichen Mitwelt sogar übertreffen? Die Schöpfung ist noch im Gang, und in der Entwicklung stehen sowohl wir Menschen als auch unsere naturgeschichtlichen Verwandten. Warum also sollte nicht der menschliche Beitrag zur Naturgeschichte da, wo er am avanciertesten ist, in der Kunst, dem Ziel schon näher sein können als manches in der natürlichen Mitwelt? Auch die außermenschliche Welt ist keine Idylle, und es liegt an uns, das Licht, das wir sehen, in der Welt so zu verstärken, wie wir es vermögen.

Ich folge hier dem geschichtsphilosophischen Entwurf Friedrich Schillers, daß es das Ziel der Kultur sei, durch Vernunft in Freiheit zur Natur zurückzufinden. Zur Natur nicht nur nach vorne hin zu gelangen, sondern dadurch zu ihr zurückkehren zu sollen, ist von ihm so gemeint, daß dem künftigen Finden der Natur ein Verlust vorangegangen ist, so daß wir im mittleren Abschnitt eines Dreischritts zwischen Einklang, Zerfallenheit und Wiederverbindung mit der Natur stehen. Heinrich von Kleist hat diesen Dreischritt, auf die Lebenserfahrung im Übergang von der Kindheit zum Erwachsensein bezogen, durch das Dornauszieher-Gleichnis in seinem Essay über das Marionettentheater (1810) unübertrefflich einprägsam beschrieben:

»Ich badete mich, erzählte ich, vor etwa drei Jahren, mit einem jungen Mann, über dessen Bildung damals eine wunderbare Anmut verbreitet war. Er mochte ohngefähr in seinem sechszehnten Jahre stehn, und nur ganz von fern ließen sich, von der Gunst der Frauen herbeigerufen, die ersten Spuren von Eitelkeit erblicken. Es traf sich, daß wir grade kurz zuvor in Paris den Jüngling gesehen hatten, der sich einen Splitter aus dem Fuße zieht; ... Ein Blick, den er in dem Augenblick, da er den Fuß auf den Schemel setzte, um ihn abzutrocknen, in einen großen Spiegel warf, erinnerte ihn daran; er lächelte und sagte mir, welch eine Entdeckung er gemacht habe. In

der Tat hatte ich, in eben diesem Augeblick, dieselbe gemacht; doch sei es, um die Sicherheit der Grazie, die ihm beiwohnte, zu prüfen, sei es, um seiner Eitelkeit ein wenig heilsam zu begegnen: ich lachte und erwiderte – er sähe wohl Geister! Er errötete, und hob den Fuß zum zweitenmal, um es mir zu zeigen; doch der Versuch, wie sich leicht hätte voraussehn lassen, mißglückte. Er hob verwirrt den Fuß zum dritten und vierten, er hob ihn wohl noch zehnmal: umsonst! er war außerstand, dieselbe Bewegung wieder hervorzubringen – was sag ich? die Bewegungen, die er machte, hatten ein so komisches Element, daß ich Mühe hatte, das Gelächter zurückzuhalten: –
Von diesem Tage, gleichsam von diesem Augenblick an, ging eine unbegreifliche Veränderung mit dem jungen Menschen vor. Er fing an, tagelang vor dem Spiegel zu stehen; und immer ein Reiz nach dem anderen verließ ihn.«

Die Überwindung der Krise dachte Kleist sich so, wie »das Bild des Hohlspiegels, nachdem es sich in das Unendliche entfernt hat, plötzlich wieder dicht vor uns tritt: so findet sich auch, wenn die Erkenntnis gleichsam durch ein Unendliches gegangen ist, die Grazie wieder ein«. Wir sollten deshalb »wieder von dem Baum der Erkenntnis essen, um in den Stand der Unschuld zurückzufallen«, und das wäre dann das letzte Kapitel der Geschichte der Welt. (a.a.O.). Dabei ist das Zurückfallen im Sinn der Parabel so zu verstehen wie das biblische »*Werden*-wie-die-Kinder«, d.h. als ein Vorangehen, in dem etwas wiederkehrt, was in anderer Weise schon einmal dagewesen ist, so daß das Leben sich rundet.

Schillers geschichtsphilosophischer Grundgedanke war, in einer sehr knappen Formulierung, daß Tier und Blume, Baum und Stein «*sind*, was wir waren; sie sind, was wir wieder *werden sollen*. Wir waren Natur, wie sie, und unsere Kultur soll uns, auf dem Wege der Vernunft und der Freyheit, zur Natur zurückführen« (NA XX.414). Kultur also liegt zwischen der verlorenen und der wiederzufindenden Natur, und sie ist – dies ist der entscheidende Gedanke – die *Brücke* von der einen zur anderen. Die wiederzufindende Natur kann auch verfehlt werden, und wir sind in dieser Gefahr. Das Mittelstück der Geschichte, das im eigentlichen Sinn *die* Naturgeschichte des Menschen ist, wird dann zu dem Abgrund, auf den zuzueilen in der industriellen Wirtschaft als Fortschritt gilt. Diese Kritik bedeutet aber nicht, daß der Verlust der Natur selbst ein Unglück war – sowenig wir es uns nehmen lassen sollten, der verlorenen Natur in jeder Metamorphose und sogar in der künstlerischen Erneuerung dennoch in Trauer zu gedenken, denn erst aus dieser Trauer erwächst die Kraft, den Weg weiterzugehen, auf dem wir in neuer Weise werden sollen, was wir waren.

Aufgabe der Kunst ist es in diesem Geschichtsbild, in der gesellschaftlichen Suche nach der verlorenen Natur das Ziel zu bewahren, die wiederzufindende Natur. Schiller hat dies für die Dichtung zum Ausdruck gebracht, es gilt aber gleichermaßen für die bildende Kunst und insbesondere für den künstlerischen Umgang mit dem Raum. »So wie nach und nach die Natur anfieng, aus dem menschlichen Leben als *Erfahrung* und als das (handelnde und empfindende) *Subjekt* zu verschwinden, so sehen wir sie in der Dichterwelt als *Idee* und als *Gegenstand* aufgehen. ... Die Dichter sind überall, schon ihrem Begriffe nach, die *Bewahrer* der Natur. ... Sie werden entweder Natur *seyn*, oder sie werden die verlorene *suchen*« (NA XX.431, 26–29; 432, 22f. und 27f.).

In der Dichtung unterschied Schiller nach dieser Alternative die naive von der sentimentalischen und wollte damit auch sein Werk zu dem Goethes in ein Verhältnis setzen. Zweihundert Jahre später, halte ich *die Suche nach der verlorenen Natur für die entscheidende Aufgabe der bildenden Kunst*, so wie die *Suche* nach der Wahrheit die der *Philo*sophie ist. Der Künstler lebt »etwas näher dem Herzen der Schöpfung als üblich. Und noch lange nicht nahe genug«, wie auf Paul Klees Grabstein steht.

Für die Gegenwart der Zukunft, die es zu suchen gilt, gibt es ein schönes Bild: das Runde. Der vorsokratische Philosoph Parmenides nannte das Sein »einer wohlgerundeten Kugel Masse vergleichbar, von der Mitte her überall gleichgewichtig. Es darf ja nicht da oder dort etwas größer oder etwas schwächer sein« (Diels-Kranz, B 8, 43–45). Dieses Bild geht durch die Geschichte. Vincent van Gogh erklärte: »Das Leben ist wahrscheinlich rund« (nach Bachelard 1960, 263), und in Rilkes Gedicht »Bangnis« im »Buch der Bilder« heißt es: »Und dennoch ruht der runde Vogelruf / in dieser Weile, die ihn schuf, / breit wie ein Himmel auf dem welken Walde«. »Das runde Wesen verbreitet seine Rundheit«, fügt Bachelard hinzu, »verbreitet die Ruhe jeder Rundheit ... An uns ist es jetzt, den rechten Gebrauch davon zu machen und daraus zu lernen, wie sich das Dasein um seinen Mittelpunkt sammelt« (Bachelard 1960, 296 und 295).

Wir sind von dieser Rundheit so weit entfernt, wie sich das menschliche – individuelle, persönliche, wirtschaftliche und politische – Leben nicht letztlich um den Mittelpunkt des Daseins dreht. Auch wenn wir als »Lebenskünstler« im Leben die Kunst und in der Kunst die verlorene Natur *suchen*, stehen wir – *simul justus et peccator* – noch in der Auseinandersetzung, in der alles richtig oder falsch gemacht werden kann. Jenseits der verlorenen und diesseits der wiederzufindenden Natur kommt es aber nicht darauf an, bereits am Ziel zu sein, sondern darauf, die möglichen Schritte auf das Ziel hin nicht zu unterlassen. Diese *Bewegung* ist die Seinsweise, in der das Ziel *heute schon gegenwärtig* sein kann. Das Runde kann bereits im Zwiespalt aufscheinen, uns das Ziel verheißen und dadurch Hoffnung geben, vielleicht wenn ein besonderer Tag sich rundet oder etwas rundum gelungen ist. Seien wir nur mißtrauisch gegen die allzu geraden Wegweiser, die den Fortschritt ohne Rundung bieten, denn nur das Runde hat Bestand.

# 5
# Natur-Staat und Sozialstaat

Sich selber Halt zu bieten, ist im anthropozentrischen Welt- und Menschenbild ein Grundbedürfnis derer, die ihn nicht mehr in der Religion finden. Einen solchen Halt zu versprechen, ist die eigentliche Stärke dieses Weltbilds: Im Mittelpunkt steht der Mensch, in sich fest gegründet und das Maß aller Dinge, endlich das Subjekt der Geschichte. Es ist nicht leicht, sich der Faszination dieses stolzen Gedankens zu entziehen. Das ganze Pathos der – unvollendeten, darüber aber noch nicht aufgeklärten – Aufklärung steckt dahinter. Wäre es nicht geradezu eine Art Entmündigung, das Maß unseres Handelns nun wieder in einem Höheren, als wir es sind, gar der Natur, gesetzt zu sehen? Und ist es nicht sogar eine Form von selbstkritischer Bescheidenheit, für unser Handeln kein höheres Maß als uns selber mehr prätendieren zu wollen? Derartige Ansprüche haben in der Vergangenheit Unglück genug über die Menschheit gebracht – bleiben wir also in aller Bescheidenheit bei uns selber!

Das anthropozentrische Welt- und Menschenbild ist dadurch so faszinierend, daß ihm die angenehmsten Gewänder passen. Mündig *und* bescheiden zu sein – wer wollte daran etwas finden? Sogar der menschliche Eigennutz und die Rücksichtslosigkeit gegenüber dem Rest der Welt lassen sich aufs Possierlichste verbrämen. Gewiß ist es des Menschen nicht würdig, alles nur aus Eigennutz zu tun; also sollten wir um unseretwillen nicht immer alles nur um unseretwillen tun. Wenn das aber gerade *um unseretwillen* so ist, bestätigt sich damit nicht wieder einmal der anthropozentrische Ansatz? Eine Variante dieses schönen Scheins ist die ästhetische Rechtfertigung. Kultur in die Welt bringen zu sollen, ist nach den Überlegungen des vorangegangenen Kapitels die Konsequenz des physiozentrischen Welt- und Menschenbilds für unser Handeln. Ist Kultur aber nicht wiederum ein menschliches Bedürfnis, der physiozentrische Ansatz also bereits in dem anthropozentrischen enthalten?

Eine andere Variante, sich dem physiozentrischen Gedankengang in seiner eigenen Tragweite zu verschließen, ergibt sich, wenn man ihn als die bloße Umkehrung der Anthropozentrik verdreht. Nimmt die Industriegesellschaft nur auf Menschen Rücksicht und gar nicht auf die natürliche Mitwelt, käme es umgekehrt darauf an, die menschlichen Interessen denen der nichtmenschlichen Welt ebenso grundsätzlich nachzuordnen. Dies führte dazu, die Welt möglichst so hinterlassen zu sollen, als seien wir gar nicht dagewesen, wohingegen es in der recht verstandenen Physiozentrik darauf ankommt, sowohl die menschlichen Interessen als auch die der natürlichen Mitwelt anzuerkennen und sie so gegeneinander abzuwägen, daß Kultur in die Welt kommt.

Einwände dieser Art oder Glasperlenspiele wie das der ästhetisierenden Anthropozentrik deuten gewiß darauf hin, daß die holistische Naturphilosophie weiter durchdacht werden muß. Für entsprechende Reaktionen auf dieses Buch bin ich dankbar. Sie geben aber auch Haltungen und Bedürfnisse zu erkennen, denen das anthropozentrische Welt- und Menschenbild schon vor jeder Argumentation entgegenkommt, und es »ist ein Gesetz der Teufel und Gespenster: Wo sie hereingeschlüpft, da müssen sie hinaus« (Mephistopheles in Goethes *Faust*, I. 1410f.). Ich sehe diesen Schwachpunkt in einer Hybris, die dem Versuch, sich selber den in der Religion verlorenen Halt zu bieten, noch vorausliegt. Ihre meines Erachtens prägnanteste Formulierung habe ich ausgerechnet in einer Erklärung des II. Vatikanischen Konzils der römisch-katholischen Kirche gefunden. Sie lautet, »daß der Mensch ... auf Erden die einzige von Gott um ihrer selbst willen gewollte Kreatur ist« (Rahner/Vorgrimler 1968, 471f.). Schon immer haben sich die Teufel gern im Umfeld der Kirchen gezeigt.

Der Satz ist repräsentativ für eine bestimmte Tradition der christlichen Theologie. Nimmt man ihn beim Wort, so besagt er: Wir sind um unserer selbst willen in der Welt. Daß dies überdies Gottes Wille gewesen sein soll, gibt dem Anspruch eine Weihe, die als Zugabe auch denen willkommen sein dürfte, welche sich eine entgegengesetzte Wertung nicht gefallen lassen würden, relativiert ihn aber nicht. Nicht ausdrücklich gesagt wird, daß alle anderen Kreaturen um unseretwillen geschaffen worden sind, aber dies liegt in der Konsequenz der Satzes. Sollten sie nämlich primär zum Lob des Schöpfers geschaffen sein, so hätte dies wohl auch für uns zu gelten, und die Sonderstellung des Menschen, auf die es hier ankommt, wäre nicht hervorgehoben. Also besagt der Satz: *Wir sind um unserer selbst willen da, und die übrige Welt ist um unseretwillen da*. Es ist dieser Anspruch, den ich das anthropozentrische Welt- und Menschenbild nenne. Politisch verkörpert es sich in der heutigen Weltlage in dem Anspruch, ausgerechnet die Wirtschaftswucherungen der Industrieländer seien »Entwicklung« par excellence und für die Länder der Dritten Welt als »Entwicklungsländer« das allein selig machende Vorbild.

Die akademische Philosophie neigt dazu, sich mehr mit der Vorstellung eines Willens als mit diesem selbst zu beschäftigen. So sensible Gedanken wie der, daß Bedürfnisse nach Kultur und Schönheit in der Welt auch eine Art menschlichen Eigennutzes seien, werden dadurch verständlich, liefern aber doch nur einen geisteswissenschaftlichen Überbau für die Durchsetzung des Willens, der im anthropozentrischen Weltbild geschichtsmächtig wird. Es ist dieser Wille selbst, dem es durch den Aufstand für die Natur entgegenzutreten gilt. Er wurzelt in der Aufklärung des 18. Jahrhunderts und will eigentlich:

- die Autonomie – nicht die Freiheit – des Menschen ohne Rücksicht auf die natürliche Mitwelt, und dies insbesondere als
- die Autonomie der Marktwirtschaft im Sinn der bürgerlichen Revolution.

Zu beiderlei Autonomie gehört überdies die der wissenschaftlichen Forschung.

Autonomie und Freiheit sind darin unterschieden, daß die Freiheit der Vernunft unterworfen ist und nicht ohne Verantwortung bestehen kann, wohingegen zur Autonomie bereits der Absolutismus genügt. Der Eindämmung des Willens zur Autonomie, der heute noch das Verhalten der Industrieländer zu denen der Dritten Welt prägt, durch freiheitlich vernünftige Ordnungen galt die Entwicklung des modernen Rechtsstaats seit der bürgerlichen Revolution. Sie ist durch zwei große Krisen gekennzeichnet, die soziale des 19. Jahrhunderts und die jetzige Umweltkrise. Ich neige dazu, in beiden Krisen die Chance zu sehen, die im 18. Jahrhundert autonomistisch begonnene Aufklärung geistig und politisch in einer Weise zu vollenden, die den Namen Aufklärung letztlich verdienen könnte. Welche politisch-philosophischen Chancen ich sehe, die gegenwärtige Krise so zu bestehen, ist das Thema dieses Kapitels.

Soweit Lösungen gefunden worden sind, die Ausbeutung von Menschen durch Menschen in der frühkapitalistischen Wirtschaft zu begrenzen, haben sie die allgemeine Form, jede Wirtschaftstätigkeit von Staats wegen unter die Bedingung der sozialen Verantwortlichkeit zu stellen. Im Grundgesetz kommt diese Bedingung im Artikel 20 so zum Ausdruck, daß unser Staat ein »Sozialstaat« ist. Eine bestimmte Staatsaufgabe – die Sorge, daß die Wirtschaft gegenüber den Schwächsten nicht gegen die Menschenwürde verstößt – politisch so zu gewichten, daß der ganze Staat danach benannt wird, ist ungewöhnlich. Andere Aufgaben, die ursprünglich nicht mit der Sorge für die Armen und Schwachen zusammenhängen, werden danach ebenfalls durch das Sozialstaatsziel geprägt. Umgekehrt heißt das, daß im Sozialstaat nicht nur der unsoziale Umgang mit einer bestimmten Bevölkerungsgruppe ausgeschlossen sein, sondern soziale Gerechtigkeit im Ganzen herrschen soll, überall in der Gesellschaft und nicht nur aus – im engeren Sinn – sozialen Gründen der Fürsorge für besonders Bedürftige. »Der Sozialstaat ist ... ein Staat der sozialen Integration« (Vogel 1976, 23).

Eine Teilaufgabe dadurch auszuzeichnen, daß sie zu einer besonderen Bestimmung des Ganzen wird, bringt Beschwernisse für die staatsrechtliche Auslegung, hat aber politisch einen guten Sinn. An der Ausbeutung der Armen und Schwachen zeigte sich ein Grundproblem des Staats der Industriegesellschaft, eine mangelnde Gegenwart des Ganzen in den Teilen oder eine Durchsetzungsschwäche allgemeiner gegenüber partikularen Interessen. Die Industriegesellschaft bekam sozusagen kalte Füße, und dies war nicht nur ein Problem der Füße, sondern eines des Kreislaufs insgesamt. Deshalb muß die Integrationskraft unseres Staats von dem äußersten Punkt her bestimmt werden, an dem sie sich zu bewähren hat, und dies war aus der Sicht des 19. Jahrhunderts die Soziale Frage.

Mit der Konstituierung des Sozialstaats sind andere Probleme dringlicher geworden als dieses. Im 20. Jahrhundert ist vor allem die Zerstörung der Lebensgrundlagen so bedrohlich, daß davon nicht nur die Bewährung und der Fortbestand eines bestimmten Wirtschaftssystems abhängen, sondern das Überleben dieses Staats und der Industriegesellschaft insgesamt. Das Problem ist sonst dem des vergangenen Jahrhunderts analog. Erneut geht es darum, daß die produktiven Kräfte der Wirtschaftstätigkeit den Rahmen sprengen, in dem allein sie produktiv sein können. Wiederum sind es Einzelinteressen, die sich zu Lasten des Ganzen geltend machen, so daß die gesellschaftlichen Kosten größer sind als die einzelwirtschaftlichen und auf Kosten des Ganzen gewirtschaftet wird. Die einzelnen, die dabei ihren Vorteil finden, sind nun jedoch alle, Unternehmer und Beschäftigte, Produzenten und Konsumenten, wenn auch in unterschiedlichem Ausmaß. Gleichwohl entspricht das Ergebnis nicht dem allgemeinen Willen. Jeder will ja nur den eigenen Wohlstand, und es gibt keinen allgemeinen Willen, daß der allgemeine Wohlstand die Lebensgrundlagen zerstören und damit auch zu Lasten aller gehen soll. Dementsprechend ist wiederum der Staat aufgerufen, im Interesse aller das allgemeine Interesse zur Geltung zu bringen.

Teilweise geht es erneut darum, einige Menschen, die von den Umweltbeeinträchtigungen besonders betroffen sind, vor anderen zu schützen, die davon besonders profitieren. Im Interesse der allgemeinen Gerechtigkeit diesen Diskriminierungen vorzubeugen, ist wiederum eine Aufgabe des Sozialstaats in seiner verallgemeinerten Bestimmung. Die Zerstörung der Lebensgrundlagen bringt jedoch nur beiläufig einigen einen relativen Nutzen zu Lasten anderer und betrifft vor allem die Allgemeinheit insgesamt in ihrem Verhältnis zur übrigen Welt. Dafür aber ist der Sozialstaat nicht zuständig. Das Ganze, innerhalb dessen das allgemeine Interesse nun zu wahren ist, umfaßt außer den Menschen in ihrem gesellschaftlichen Verbund auch die uns umgebende Welt: Tiere, Pflanzen, Landschaften, den Wasserhaushalt und das Klima. In der Natur ist die Menschheit keine geschlossene Gesellschaft. Die Frage ist nun, ob die nichtmenschliche Natur als ein Teil der Allgemeinheit gelten soll, für die der Staat verantwortlich ist, ob der Staat sich für die natürliche Mitwelt also in ähnlicher Weise zuständig fühlen soll wie für die im 19. Jahrhundert diskriminierten Teile der Gesellschaft. Ist das Ganze, dessen Interesse künftig zu wahren wäre, umfassender abzugrenzen als bisher, und wäre der Staat daraufhin auch als ein »Natur-Staat« zu bestimmen? Der Gedanke, »dem Sozialstaatsprinzip das Prinzip des Schutzes der Natur um ihrer selbst willen« als »Naturstaatsprinzip« an die Seite zu stellen, stammt von Hans-Jochen Vogel (1987). Ich nehme ihn hier auf, um die Wertordnung einer holistischen Ethik verfassungsrechtlich zu konkretisieren und damit den Frieden mit der Natur vorstellbar werden zu lassen.

Daß aus dem naturphilosophischen Gedanken des Eigenwerts der natürlichen Mitwelt verfassungsrechtliche Konsequenzen gezogen werden, ist erst dann zu erwarten, wenn sich das allgemeine Bewußtsein entsprechend entwickelt hat. Hier aber hat sich seit jenem Konzil durch die Umweltbewegung schon manches verändert. Der Begriff »natürliche Mitwelt« hat sich sogar in den wenigen Jahren seit dem ersten Erscheinen der *Wege zum Frieden mit der Natur* bereits weitgehend eingebürgert. Und die christlichen Kirchen unseres Landes haben – nach einem etwas verhaltenen Vorlauf 1985 – nunmehr definitiv erklärt:

Der Mensch darf sich in der Natur »nicht nur an seinen eigenen Interessen ausrichten, sondern muß die möglichen Auswirkungen auf die Lebensmöglichkeiten anderen Lebens mitbedenken. Vor allem aber haben die Mitgeschöpfe des Menschen unabhängig von ihrem Nutzwert einen Eigenwert, nämlich darin, daß sie auf Gott als den Schöpfer bezogen sind, an seinem Leben Anteil haben und zu seinem Lob bestimmt sind … Die evangelische und die katholische Kirche haben sich dafür ausgesprochen, in der Formulierung eines Staatsziels Umweltschutz nicht auf die natürlichen Lebensgrundlagen *des Menschen* abzustellen, sondern aus Verantwortung für die Schöpfung umfassender vom Schutz der natürlichen Grundlagen des Lebens oder vom Schutz der Natur und Umwelt zu sprechen. Die Kirchen erneuern und unterstreichen ihr Votum an dieser Stelle. Denn jede den Eigenwert des außermenschlichen Lebens nicht berücksichtigende Formulierung des Staatsziels würde in der Zukunft geradezu als Vorwand dienen können, Eingriffe zu legitimieren, die im Interesse des Menschen und der Wahrung seiner Rechte jeweils für erforderlich gehalten werden, die Schöpfungswelt als ganze in ihrer lebensnotwendigen Vielfalt aber bedrohen … Bei jeder umweltpolitisch relevanten Entscheidung ist abzuwägen zwischen dem Nutzungsinteresse des Menschen und dem Eigenwert des betroffenen außermenschlichen Lebens; gerade auf die Nötigung zu dieser Abwägung kommt es an.« (Gemeinsame Erklärung 1989, 37f.).

Teilweise bewegen sich inzwischen auch die politischen Parteien in dieser Richtung. Demgegenüber halten das Bundesverfassungsgericht und die Mehrzahl der deutschen Staatsrechtler noch an der anthropozentrischen Wertordnung fest, sind daran durch das Grundgesetz jedoch nicht gebunden. Zwar ist die Unantastbarkeit der

Menschenwürde (Artikel 1) so zu verstehen, daß der Staat für den Menschen da sein soll; damit aber ist gemeint, daß nicht umgekehrt der Mensch für den Staat da sein soll, und nicht, daß der Staat nicht auch noch für andere und anderes – wie die natürliche Mitwelt – da sein kann (Kuhlmann 1990, 172). Der von der EKD vorgeschlagene Zusatz: »In Verantwortung für die Schöpfung schützt der Staat die natürlichen Grundlagen des Lebens«, könnte also problemlos bereits in das Grundgesetz aufgenommen werden.

Den Schutz der natürlichen Mitwelt als ein Staatsziel in die deutsche Verfassung aufzunehmen, wäre ein deutliches Signal, um die Autonomie der Wirtschaft, industriegesellschaftliche Interessen zu Lasten der übrigen Welt und des Ganzen der Natur durchzusetzen, zu beschränken. Auf den Eigenwert der natürlichen Mitwelt im Ganzen der Natur Rücksicht nehmen zu sollen, steht den bisher wirtschaftlich geltend gemachten Interessen jedoch so diametral entgegen, daß die zusätzliche Festlegung eines weiteren Staatsziels bei weitem nicht hinreichend sein kann, um der bisherigen Praxis Grenzen zu setzen. Die Wirtschaft beruht bisher ja geradezu auf der Vorstellung, daß die Dinge und Lebewesen der Natur eben *keinen* Eigenwert haben, sondern allenfalls – als Ressourcen – einen Wert für uns oder für einige von uns. Der Schutz der natürlichen Mitwelt müßte deshalb nach dem Vorbild des Sozialstaats regelrecht zu einer neuen Bestimmung des staatlichen Ganzen werden, das hier erneut nicht nur ein Problem seiner Basis, sondern seines Kreislaufs insgesamt hat.

Was soll es heißen, unsern Staat nicht nur so zu bestimmen, daß er als Sozialstaat der sozialen Integration dient, sondern darüber hinaus als ein Staat in der Natur – und in diesem Sinn als ein »Naturstaat« – der Integration der Industriegesellschaft in die natürlichen Lebenszusammenhänge? Wenn der Mensch *von Natur* ein politisches Lebewesen ist, sind wir nach der Natur des Ganzen, die nicht nur die unsere ist, darauf angelegt, in der Welt einen neuartigen Lebenszusammenhang, den politischen, zu bilden und dadurch geschichtlich zu werden. Dementsprechend sollten wir uns staatlich so organisieren, daß die Natur insgesamt sich auch dadurch mit uns forttreibt. Gilt es generell, Kultur in die Welt zu bringen, so ist der Naturstaat eine Frage der politischen Kultur. Beziehen wir uns dabei nun zurück auf den vorstaatlichen »Naturzustand«, so wie ihn Hobbes und Locke beschrieben haben, so zeigt sich, daß der bürgerliche Staat im Kern ein Eigentumsstaat ist. Locke sah den Schutz des Eigentums sogar als den eigentlichen Zweck des Staats an. Ohne das Eigentumsprinzip kommt man in den bürgerlichen Staat nicht hinein. Mit ihm aber, so meine ich, können wir spätestens jetzt nicht mehr darin bleiben. Denn es ist der industriewirtschaftliche Prozeß der *Aneignung der natürlichen Mitwelt*, wodurch diese zerrüttet oder gefährdet wird.

## *Selbstverwirklichung durch Eigentum*

Eigentum ist eine und vielleicht sogar *die* zentrale Ordnungsvorstellung der bürgerlichen Gesellschaft. Angesichts eines Affen im Zoo, der einen Stein zum Nüsseknacken für sich allein beanspruchte, so daß nur er ihn nutzen konnte, meinte Charles Darwin sogar, der Drang zum Eigentum sei uns stammesgeschichtlich mitgegeben (1871/1932, 102). Soweit dies zutrifft, könnte unsere naturgeschichtliche Mission freilich darin liegen, das Eigentumsverhalten zu überwinden. Meinem Eindruck nach gibt es in der Natur sonst jedoch kein Eigentum bürgerlicher Art, nämlich im Sinn der uneingeschränkten Verfügbarkeit ohne Ansehung des Eigensinns der Dinge. Innerhalb der bürgerlichen Ordnung wiederum ist Eigentum »das umfassendste Herrschaftsrecht, das die Rechtsordnung an einer Sache zuläßt« (Wolff/Raiser 1957, 173). Durch Eigentum entstehen oder verfestigen sich Verhältnisse, soziale Verhältnisse – die einen haben Steine, die anderen haben keine – und Verhältnisse gegenüber der natürlichen Mitwelt.

Der den meisten Menschen heutzutage selbstverständliche bürgerliche Eigentumsbegriff stammt aus dem 17./18. Jahrhundert. Neu war daran der Gedanke der Alleinherrschaft für jedermann. »Der erste, dem es in den Sinn kam, ein Grundstück einzuhegen und zu behaupten: ›Das gehört mir‹, und der Menschen fand, einfältig genug, ihm zu glauben, war der eigentliche Gründer der bürgerlichen Gesellschaft«, erklärte Rousseau zu Beginn des zweiten Teils seiner Schrift über die Ursachen der Ungleichheit unter den Menschen. Es ist nicht selbstverständlich, daß Menschen untereinander und in bezug auf die Natur derartige Ansprüche erheben. Die Rechtsgeschichte kennt mannigfache Formen der Verfügungsmacht über Dinge und Lebewesen, vor der bürgerlichen Revolution insbesondere die des gemeinsamen Eigentums und des Lehnswesens, wodurch Verantwortlichkeiten hierarchisch verteilt und ausbalanciert wurden. Demgegenüber nimmt sich das bürgerliche Eigentumskonzept so aus, als sei der politische Absolutismus des 18. Jahrhunderts nach der bürgerlichen Revolution in einem Eigentumsabsolutismus des Bürgers wiedererstanden. Durch die Verbürgerlichung der ganzen Gesellschaft ist daraus heute eine Art Absolutismus des Kleinen Mannes geworden.

Religionsgeschichtlich liegt das Aufkommen des bürgerlichen Eigentumsanspruchs in der Entwicklung des neuzeitlichen Individuationsprozesses. Demgegenüber ist in der biblischen Heilsgeschichte – trotz des orientalischen Umfelds – kein Mensch selber Eigentümer von irgend etwas in der Welt, sondern: »Die Erde ist des Herrn und was darinnen ist, der Erdboden und was darauf wohnt« (Ps. 24, 1). Gott ist »*der* Eigentümer ... erst des Volkes und seines Landes, dann sämtlicher Einzelner mitsamt ihrem ›Eigentum‹, schließlich – als ›Schöpfer‹ – der ganzen Erde« (Locher 1954, 18). Unsere Beziehungen zu den Dingen werden dadurch in die personale Beziehung zu ihrem Schöpfer und alleinigen Eigner hineingenommen. Erst in diesem Rahmen gilt das achte Gebot. Im Grundgesetz (Artikel 14) hat die Eigentumsgarantie verfassungsgeschichtlich den Schutzzweck, daß ein wirtschaftlicher Freiraum zur individuellen Lebensgestaltung dem Zugriff des Staats entzogen sein soll. »Eigentum ist deswegen verfassungsrechtlich geschützt, weil es als reale Basis personaler Existenz und Entfaltung die Freiheit des Einzelnen sichert« (J. Meyer-Abich 1980, 58). Diese teleologische, vom Zweck hergeleitete Deutung folgt der Rechtsprechung des Bundesverfassungsgerichts im Hamburger Deichurteil, daß das Grundrecht auf Eigentum dazu da sei, um dem einzelnen »eine eigenverantwortliche Gestaltung des Lebens zu ermöglichen« (BVerfGE 24, 367/389). Wegweisend für diese Erklärung der Eigentumsgarantie war ein Urteil des Bundesgerichtshofs aus dem Jahr 1952, in dem es hieß: »Der in den Staat eingegliederte Einzelne bedarf, um unter seinesgleichen als Person , d.h. um frei und selbstverantwortlich leben zu können und um nicht zu einem bloßen Objekt einer übermächtigen Staatsgewalt zu werden, also um seiner Freiheit und Würde willen, einer rechtlich streng gesicherten Sphäre des Eigentums« (BGHZ [GS] 6, 270/276, zitiert nach J. Meyer-Abich a.a.O.).

Durch Eigentum wirtschaftlich unabhängig und frei von staatlichen Zugriffen zu werden, entsprach den Interessen des Bürgertums in der bürgerlichen Revolution. Dabei war an Sacheigentum gedacht. Durch Privateigentum bürgerlich unabhängig zu sein, ist zwar immer nur einem kleinen Teil der Bevölkerung zuteil geworden, spielte unter den Zielen des sich entwickelnden Kapitalismus aber eine paradigmatische Rolle. Das Eigentum galt als »Erweiterung des leiblichen Daseins der Individuen« (Bluntschli 1886, 288), als »Stoff für die Offenbarung der Individualität des Menschen« (Stahl 1978, 251) oder als »Außenwerk« der Persönlichkeit (Dahlmann 1815/1886, 36). Ein leerer Sack kann nicht aufrecht stehen, hat Benjamin Franklin einmal gesagt.

Selbstverwirklichung durch Eigentum! Die Emphase, mit der dieses Lebensziel eines bürgerlichen Zeitalters sogar von sonst durchaus gegensätzlichen Staatstheoretikern proklamiert wurde, ist uns in der sozialstaatlichen Demokratie nicht mehr ohne weiteres nachvollziehbar, zumal eingedenk der inzwischen sichtbar gewordenen Folgen des bürgerlichen Eigentumsanspruchs in Natur und Gesellschaft. Haste was, dann biste was, hört man gleichwohl noch heute. Für die Zukunft andere Ansprüche zur Geltung zu bringen, setzt voraus, daß wir uns die Beweggründe der bisherigen Entwicklung, so wie sie auch heute noch lebendig sind, klar bewußt machen. Sie liegen im Verhältnis des einzelnen zum Staat, dem Urthema des Liberalismus, und im industriewirtschaftlichen Verhältnis zur Natur, das überraschenderweise ausgerechnet Hegel am prägnantesten formuliert hat.

Nach den Ordnungsvorstellungen der bürgerlichen Gesellschaft wäre es am angenehmsten, ohne jede Form der staatlichen Organisation zu leben. Dies gelingt, wie von Locke beschrieben, aber nur im Idealfall des Naturzustands, in dem jeder sich die natürliche Mitwelt aneignen kann, soweit er mag und vermag, ohne einem andern etwas wegzunehmen. Leider war es damit vorbei, als die Bevölkerungsdichte zunahm und außerdem das Geld erfunden wurde, so daß Menschen mehr besitzen als selbst bearbeiten konnten. So kam es zu Übergriffen einzelner auf das Eigentum anderer, und um »diesen Mißlichkeiten, die das Eigentum der Menschen im Naturzustand zerrütten, aus dem Wege zu gehen, vereinigen sich die Menschen in Gesellschaften – daß die vereinigte Stärke der ganzen Gesellschaft ihr Eigentum schützen und verteidigen möge« (Locke 1690/1966, § 136). Der Staat ist in diesem Selbstverständnis überhaupt nur dazu nötig, um das Eigentum zu schützen, vor den Übergriffen der Mitbürger und anderer Länder, sonst brauchte man gar keinen Staat. Dementsprechend wird alle Regierungsgewalt »mit dem Ziel anvertraut ..., den Menschen ihr Eigentum zu belassen und es zu sichern« (a.a.O., § 139), und politische Gewalt ist »das Recht, zur Regelung und Erhaltung des Eigentums Gesetze zu schaffen« (a.a.O., § 3). Zumindest das »Hauptziel« (a.a.O., § 85), warum einzelne sich zur bürgerlichen Gesellschaft verbinden, ist die Erhaltung ihres Eigentums.

Die bürgerliche Vorstellung, der Staat sei im wesentlichen zum Schutz des Eigentums da, ist historisch dort an ihre Grenze gekommen, wo andere kein Eigentum hatten und zum Gebrauch ihrer Arbeitskraft sogar darauf angewiesen waren, fremdes Eigentum in Gestalt von Produktionsmitteln zu benutzen. Der kapitalistische Eigentumsanspruch hat die aufkommende Industriegesellschaft durch die Ausbeutung der Arbeitskraft von Nichteigentümern ein erstes Mal an die Grenze ihrer Existenzfähigkeit gebracht. Die Entwicklung zum Sozialstaat hat die Soziale Frage nun aber gerade insoweit gelöst, wie das Sacheigentum zur Existenzsicherung nicht mehr erforderlich ist. »Heute genügt« sozusagen, wie Gehlen es einmal ausdrückte, »die Staatsbürgerqualität, um existieren zu können« (1960, 168). Der Bürger der Industriegesellschaft lebt von seinem Lohn, seinem Gehalt, seiner Rente oder gegebenenfalls von Fürsorgeansprüchen, nicht vom Einkommen aus Eigentum im Sinn der früheren Vorstellungen.

Man kann diese Entwicklung als einen Wandel des Eigentumsverständnisses beschreiben. Das hieße: Der Sozialstaat erweitert die Freiheitsräume auf andere Weise, als man es sich im Liberalismus gedacht hatte, schafft damit aber funktional – im Sinn des Schutzzwecks der Eigentumsgarantie – gleichermaßen Eigentum (J. Meyer-Abich 1980, 67). In der Rechtsprechung hat diese Erweiterung des Eigentumsbegriffs tatsächlich stattgefunden, beginnend mit der Bergrentenentscheidung des Reichsgerichts 1924 (a.a.O., 18ff, 59), so daß nun auch Versorgungsansprüche den Eigentumsschutz genießen. Man nähert sich durch diese teleologische Interpretation jedoch einem Punkt, an dem letztlich alles Eigentum heißt, was wirtschaftlich eine eigenverantwortliche Gestaltung des Lebens ermöglicht. Hätte das bürgerliche Eigentumsprinzip, nachdem es eine Zeitlang geschichtsmächtig gewesen war, an dieser Stelle nicht lieber aufgegeben werden sollen, statt es so zu sublimieren, als gebe es keine Freiheit ohne Eigentum?

Immerhin sind die Gewerbebetriebe, die einmal für die Vorstellung von der freiheitssichernden Funktion des Eigentums Pate gestanden haben, in den heutigen Unternehmensformen schwerlich wiederzuerkennen. Vor allem die Trennung von Eigentum und Verfügungsmacht hat die Situation grundlegend verändert. Dies zeigt sich z.B. am Scheitern von Dürigs heroischem Versuch, die – im Grundgesetz Art. 19 Abs. 3 – gewährleisteten Grundrechte von Großunternehmen mit dem Durchgriff auf die Grundrechte natürlicher Personen zu erklären. »Die juristische Person Großunternehmen läßt sich nicht überzeugend als gebündelter, materieller Entfaltungsraum ihrer Eigentümer beschreiben; sie ist kein ›Außenwerk‹ ihrer Persönlichkeit« (a.a.O., 102).

Im Sozialstaat und in der Entwicklung der Rechtsprechung hat die Abkehr vom frühliberalen Eigentumskonzept gleichwohl faktisch stattgefunden, ohne den Begriff aufzugeben, und im Artikel 14 des Grundgesetzes ist das Eigentum im heutigen Verständnis – mit einer Sozialbindung – garantiert. Wieweit diese Bindung wirkt, wenn – wie in der Bundesrepublik – 1,7 Prozent der Bevölkerung mehr als 70 Prozent des Produktionsvermögens besitzen, kann hier offen bleiben. Jedenfalls ist mit der Konstituierung des Sozialstaats nur ein erster Schritt zur Abkehr vom Eigentumskonzept der bürgerlichen Revolution erfolgt. Meines Erachtens muß diesem ersten nun ein zweiter Schritt folgen, denn durch die Gefährdung der Lebensgrundlagen hat der bisherige Eigentumsanspruch die Industriegesellschaft zum zweiten Mal an den Rand ihrer Existenzfähigkeit gebracht.

Die erste Krise, die soziale Krise, ergab sich aus den durch das Eigentum entstandenen oder verfestigten gesellschaftlichen Verhältnissen. Die zweite Krise, die Umweltkrise, hat sich aus dem angemaßten Eigentumsverhältnis zur natürlichen Mitwelt ergeben. Während hinsichtlich der Willkür in der Verfügbarkeit des Eigentums immerhin von Anfang an das Problem gesehen wurde, daß die Freiheit der Mitmenschen beeinträchtigt werden könnte, ist die Natur in der bisherigen Entwicklung des Eigentumsverständnisses kaum vorgekommen. Es wurde sogar negiert, daß auf sie überhaupt Rücksicht zu nehmen sei, in einer besonders extremen, für die weitere Entwicklung aber durchaus charakteristischen Form bei Hegel.

Für Hegel ist der Geist die Sphäre des Seins und der Freiheit, die Natur die des Habens (bzw. Gehabtwerdens) und der Unfreiheit. Dies geht so weit, daß »Ich ... lebendig *bin* und einen organischen Körper *habe*« (*Rechtsphilosophie*, § 47; Hervorhebungen hinzugefügt). Der Mensch lebt danach nur »in« seinem organischen Körper wie ein Steuermann auf See in seinem Schiff, aber er *ist* nicht leiblich und ein Teil der Natur, sondern Mensch ist er nur geistig. Schon sein eigener Körper ist ihm äußerlich und erst recht die übrige Sinnenwelt. Allerdings braucht die Person, der zum Einzelmenschen individuierte Geist, nach Hegels Auffassung gleichwohl »eine äußere Sphäre ihrer Freiheit« (a.a.O., § 41), nämlich als Eigentum, »in« dem sie wiederum ist wie in einem erweiterten Körper. »Erst im Eigenthume ist die Person als Vernunft« (a.a.O.), dieses selbst aber ist »eine *Sache*, ein Unfreies, Unpersönliches und *Rechtloses*« (a.a.O., § 42; Hervorhebungen hinzugefügt). »Jeder hat also das Recht ..., die Sache aufzuheben und zu der seinigen umzuschaffen; denn die Sache als Aeußerlichkeit hat keinen Selbstzweck ... Ein solches Aeußerliches ist auch das Lebendige (das Thier), und insofern selber eine Sache ... Sich zueignen heißt ... die Hoheit meines Willens gegen die Sache manifestieren ...: ich gebe dem Lebendigen als meinem Eigenthum eine andere Seele, als es hatte; ich gebe ihm meine Seele« (a.a.O., § 44). So gibt es ein »absolutes Zueignungsrecht des Menschen auf alle Sachen« (a.a.O.), belebte und unbelebte. Diese sind nicht nur rechtlos, sondern wir dürfen ihnen auch ihre Seele nehmen und ihnen unsere bürgerliche Seele geben, indem wir sie in Eigentum verwandeln.

Den Menschen als reines Geistwesen gedanklich aus der Natur aussteigen zu lassen und diese als bloße Aeußerlichkeit verstehen zu wollen – in Hegels Worten als »das Aeußerliche an ihr selbst« (a.a.O., § 42 und passim) – , ist zunächst die cartesische Einteilung der Welt in Denkendes *(res cogitans)* und Ausgedehntes *(res extensa)*. Descartes' Naturphilosophie, nach der die Tiere nur Maschinen sein sollten, enthält in nuce auch bereits die normative Orientierung, die Hegel hier als Grundlage des menschlichen Handelns in der Natur proklamiert. In der Brutalität aber, daß alles, was nicht Mensch ist, der Hoheit des menschlichen Willens gegenüber nicht einmal seine eigene Seele behalten dürfe und vollends rechtlos sei, ist das industriewirtschaftliche Handeln vor Hegel noch niemals gerechtfertigt worden. Als Philosoph der Industriegesellschaft verdient Hegel dementsprechend mehr Anerkennung, als ihm gegenwärtig in der Regel gezollt wird. Was Hegel als »Sache« bestimmte, heißt heute Ressource, und als solche verstehen und behandeln wir die Welt der Natur eben so, wie von ihm empfohlen.

Hegels »Naturrecht«, wie seine Rechtsphilosophie paradoxerweise im Untertitel heißt, die von ihm behauptete Rechtlosigkeit der

Natur also, war im 19. Jahrhundert wegweisend für das weitere Verständnis der Natur im Recht, vor allem im Bürgerlichen Gesetzbuch (1897). Dort heißt es: »Der Eigentümer einer Sache kann, soweit nicht das Gesetz oder Rechte Dritter entgegenstehen, mit der Sache nach Belieben verfahren und andere von jeder Einwirkung ausschließen« (§ 903 BGB). Im ersten Entwurf (1888) stand sogar, der Eigentümer dürfe mit dem Seinen »nach Willkür« verfahren. Zwar setzt das Gesetz der Hoheit des bürgerlichen Willens in dem hier sanktionierten Belieben durch eine Fülle von Bestimmungen Grenzen. Diese aber bestehen im BGB generell und im heutigen Recht fast ausschließlich nur dahingehend, daß durch den beliebigen Umgang mit der Sache anderen Menschen oder der menschlichen Allgemeinheit nicht geschadet werden darf; sie schränken das Belieben nicht hinsichtlich der »Sachen« ein. Sachen im Sinn des Gesetzes sind generell »körperliche Gegenstände« (§ 90 BGB), Dinge und Lebewesen bis hin zu menschlichen Körperteilen, jedoch nicht der ganze Mensch.

Man könnte einwenden, vom BGB sei nichts anderes zu erwarten, da es bestimmungsgemäß nur die menschlichen Verhältnisse untereinander regele. Von »Sachen« im Sinn des BGB handelt aber auch das Strafgesetzbuch, und im Öffentlichen Recht kommt die Natur ebenfalls nicht besser weg. Wie das Verständnis der Naturdinge als Sachen hier gleichermaßen zugrunde gelegt worden ist, zeigt z. B. die Formulierung im Bundesimmissionsschutzgesetz, »Tiere, Pflanzen und andere Sachen« seien vor schädlichen Umwelteinwirkungen zu schützen (§ 1 BImSchG). Als Sache wird Lebendiges wie Totes wahrgenommen. Aus dem Rahmen fällt die Intention des Tierschutzgesetzes (1972), Tiere um ihrer selbst willen zu schützen, aber diese Intention wird in der Anwendung des Gesetzes wiederum nicht eingelöst.

Nach dem traditionellen juristischen Naturverständnis braucht auf die Dinge und Lebewesen der Natur grundsätzlich also lediglich insoweit Rücksicht genommen zu werden, wie Menschen betroffen sind, also nicht auf den Eigenwert der Dinge und Lebewesen im Ganzen der Natur. Diese Art der Aneigung unserer natürlichen Mitwelt ist bis heute so gedacht, daß sie den Menschen Freiheit bringen soll, beruhte aber von Anfang an auf Unterdrückung, sowohl anderer Menschen als auch der natürlichen Mitwelt. Weder das eine noch das andere ist heute noch zu rechtfertigen. Hat die Aufklärung des 18.

Jahrhunderts den Absolutismus der Könige überwunden, so muß ihre Vollendung nun auch dem Absolutismus des Kleinen Mannes ein Ende setzen.

Kritik an der bürgerlichen Aneignung der Natur ist früh geübt worden. »Die Natur will nicht der ausschließliche Besitz eines Einzigen seyn«, schrieb Novalis. »Als Eigenthum verwandelt sie sich in ein böses Gift, was die Ruhe verscheucht, und die verderbliche Lust, alles in diesen Kreis des Besitzers zu ziehn, mit einem Gefolge von unendlichen Sorgen und wilden Leidenschaften herbeylockt. So untergräbt sie heimlich den Grund des Eigenthümers; und begräbt ihn bald in den einbrechenden Abgrund« (*Heinrich von Ofterdingen*, Kap. 5). Ein Jahrhundert später nannte Otto von Gierke es einen »kulturfeindlichen Widersinn«, »daß ein Stück unseres Planeten einem einzelnen Menschen in derselben Weise eignen soll, wie ein Regenschirm oder ein Guldenzettel« (1889, 21). Und Marx erklärte im dritten Band des *Kapitals*: »Vom Standpunkt einer höhern ökonomischen Gesellschaftsformation wird das Privateigentum einzelner Individuen am Erdball ganz so abgeschmackt erscheinen wie das Privateigentum eines Menschen an einem andern Menschen. Selbst eine ganz Gesellschaft, eine Nation, ja alle gleichzeitigen Gesellschaften zusammengenommen, sind nicht Eigentümer der Erde. Sie sind nur ihre Besitzer, ihre Nutznießer, und haben sie als boni patres familias den nachfolgenden Generationen verbessert zu hinterlassen« (1894/1973, MEW XXV.784). Natürlich sollte ein Mensch sich irgendwo zu Hause fühlen können; aber ist es dazu nötig, ein Stück Land zu besitzen?

Der Schritt von der Sozialbindung des Eigentums zu entsprechenden Konsequenzen hinsichtlich der Natur ist nicht so groß, wie er zunächst aussehen mag. Denn der kapitalistische Eigentumsabsolutismus behandelte die menschliche wie die natürliche Mitwelt gleichermaßen als Ressource zur Gewinnung von Eigentum, und die Rechtlosigkeit der Arbeiter stand der der natürlichen Mitwelt kaum nach. Auch ihre Seele wurde der Hoheit des Eigentumswillens geopfert. Betroffen waren einmal die Beschäftigten, zum andern die natürliche Mitwelt, aber die Ausbeutung war hier wie dort dieselbe.

Ich veranschauliche anhand eines einschlägigen Aufsatzes von Hans-Jochen Vogel (1976), daß die Argumentationsformen der Kritik an der sozialen Ausbeutung für die an der der Natur unmittelbar übernommen werden können. Vogel beschreibt, wie die soziale

Krise des kapitalistischen »Vorrangs der Individualinteressen vor denen der Gemeinschaft« (1976, 17f.) zu einer grundlegenden Modifikation des bürgerlichen Eigentumskonzepts führte. Danach ist »das Eigentum in eine Gesamtordnung eingebettet ..., in der die Bürger ebenso wie der Staat Verantwortung für das Gemeinwohl tragen« (a.a.O., 20). Im Sozialstaat, der nicht nur ein Wohlfahrtsstaat sei, sondern vielmehr ein Staat der sozialen Integration, stehe das Eigentum seinem Wesen nach in einer sozialen Bindung. Wird dieser Schritt in der Umweltkrise sinngemäß erweitert, so lautet die Kritik, daß der liberale Eigentumsbegriff den Individualinteressen einen Vorrang vor denen der Gemeinschaft und *den menschlichen Interessen einen Vorrang vor denen des Ganzen der Natur* gegeben hat. Dagegen wiederum gelte es nun einzusehen, daß das Eigentum in eine Gesamtordnung eingebettet ist, in der die Bürger ebenso wie der Staat Verantwortung für das Gemeinwohl *und für die natürliche Mitwelt im Ganzen der Natur* tragen. Das Eigentum steht dann sowohl in einer sozialen als auch in einer *Natur-Bindung. Der Sozialpflichtigkeit entspricht eine Naturpflichtigkeit.* Und zwar nicht in dem Sinn, daß ein an sich weiterreichendes Eigentum hier aus politischen Gründen äußerlich beschränkt wird, sondern umgekehrt so, daß sich aus der Ordnung des Ganzen ergibt, was überhaupt der Sinn und die Reichweite von Einzeleigentum sein kann. Naturordnung und Sozialordnung sind gleichermaßen der Rahmen, in dem erst Dinge und Lebewesen als Eigentum bestimmt sein können, soweit es Eigentum geben darf.

Auch die verfassungsrechtliche Begründung der Sozialbindung des Eigentums kann für die einer entsprechenden Naturbindung übernommen werden. Sie lautet: »Das Menschenbild des Grundgesetzes ist – in den Worten des Bundesverfassungsgerichts – nicht das eines selbstherrlichen Individuums, sondern das der in der Gemeinschaft stehenden und ihr vielfältig verpflichteten Persönlichkeit. Diese Sicht des Verhältnisses von Individuum und staatlicher Gemeinschaft mußte sich auf das Eigentumsdenken auswirken« (a.a.O., 23). Hier bliebe lediglich einzufügen, daß das menschliche Individuum nicht nur in der menschlichen Gemeinschaft steht und ohne diese Zugehörigkeit nicht Mensch wäre, sondern daß eben dies auch für den Menschen als einen Teil der Natur gilt. Die Begründung dafür, daß das Eigentum in eine Ordnung eingebettet ist, in der Menschen Verantwortung füreinander und für die natürliche Mitwelt tragen, so daß der Gebrauch des Eigentums im Rahmen dieser Ordnung legitimiert sein muß, lautet dann: Unser Menschenbild ist nicht mehr das eines selbstherrlichen Individuums, sondern das der in der menschlichen Gemeinschaft *und in der Natur* stehenden und *dieser wie jener* vielfältig verpflichteten Persönlichkeit. Vom Eigentum darf dementsprechend weder in der Gesellschaft noch in der Natur selbstherrlich, sondern nur in der Verantwortung vor dem beiderseitigen Ganzen Gebrauch gemacht werden.

## Naturpflichtigkeit des Eigentums und Würde der Natur – Überlegungen zu einer künftigen deutschen Verfassung

Welche Konsequenzen ergeben sich für eine künftige deutsche Verfassung, wenn unser Staat sowohl ein Sozialstaat als auch ein Staat in der Natur sein soll? Ich denke, diese Verfassung sollte aus dem westdeutschen Grundgesetz entwickelt werden, aber nicht mit diesem übereinstimmen, denn es ist ja nicht so, daß nicht auch wir viel zu lernen hätten. Wenn in der DDR in Zukunft die dort bisher gemachten Fehler vermieden werden, sollten wir uns in der Bundesrepublik Mühe geben, unsere bisherigen Fehler gleichermaßen zu vermeiden, damit die *beiderseitigen* Fehler in Zukunft in beiden Landesteilen *gemeinsam* vermieden werden. Die gemeinsame politische Verfassung ist der beste Ort, das beiderseitige Lernen zum Ausdruck und durch eine Volksabstimmung zum beiderseitigen Bewußtsein zu bringen.

Das Menschenbild des Grundgesetzes von 1949 war nicht schon das des Menschen als eines Teils der Natur, der seine Interessen gegenüber der natürlichen Mitwelt in der Verantwortung vor dem Ganzen der Natur wahrnehmen soll. Aus den vorangegangenen Überlegungen zeigt sich jedoch, daß von zwei großen und wichtigen Schritten, den Verantwortungskreis zu erweitern, in dem allein es in Zukunft noch Eigentum geben dürfte, der erste immerhin getan ist, und der noch ausstehende zweite Schritt zwar über den ersten hinauszugehen hätte, jedoch grundsätzlich in derselben Richtung wie der erste.

Der erste Schritt war bereits im Programm der bürgerlichen Revolution angelegt, denn in der französischen Verfassung von 1791 hieß es, wie bei Kant, die Freiheit bestehe darin, alles tun zu können, was einem andern (Menschen) nicht schadet. Wir sind noch immer weit davon entfernt, dem Anspruch einigermaßen gerecht zu werden, daß durch den Gebrauch der Freiheit wenigstens den Mitmenschen nicht geschadet werden darf. Das Ziel, uns die übrige Welt in Zukunft nur noch so anzueignen, daß andere Menschen – hierzulande oder in der Dritten Welt – und die Nachgeborenen nicht unter Beeinträchtigungen, Vergiftungen oder sonstigen Zerstörungen ihrer Lebensgrundlagen zu leiden haben, könnte verfassungsrechtlich durch ein Grundrecht des Menschen auf Natur zum Ausdruck gebracht werden, wie es verschiedentlich vorgeschlagen und diskutiert worden ist (Steiger 1975). Dieser Weg wird bisher nicht gegangen, weil er zu einer kaum absehbaren Flut von Prozessen führen könnte, denn der Kreis der anerkanntermaßen von Umweltschäden Betroffenen und damit prinzipiell Klageberechtigten würde durch ein Grundrecht auf gesunde Umwelt auf alle Bürger erweitert. Den seiner Schutzpflicht nicht genügenden Staat derart unter einen Rechtfertigungsdruck zu setzen, könnte der Lebendigkeit unserer Demokratie und dem Schutz der Lebensgrundlagen gleichermaßen zugutekommen. Ich trete für ein solches Grundrecht dennoch nicht ein, weil das anthropozentrische Weltbild, *Natur nicht zu sein, sondern nur zu haben,* damit noch auf die Spitze getrieben, der Eigentumsabsolutismus des Kleinen Mannes also gerade nicht überwunden würde. Nicht wir haben ein Recht auf Natur, sondern die Natur hat ein Recht auf Menschlichkeit, auf die eines gerechten und freien Gemeinwesens im Frieden mit der Natur.

Unseren Staat nunmehr weitergehend als einen Staat in der Natur bzw. als einen Natur-Staat zu bestimmen, steht dem Sinn der Verfassung und ihrer bisherigen Entwicklung nicht entgegen. Im frühliberalen Verständnis regelte die Verfassung – dem Ziel der bürgerlichen Revolution entsprechend – zwar nur das Verhältnis des Bürgers zum Staat. Insbesondere sollten das Privateigentum und die persönlichen Grundrechte von Staats wegen nicht angetastet werden dürfen. Wegen der Ausbeutung einiger Bürger durch andere hat es dabei jedoch ohnehin nicht bleiben können. Im Interesse der gesellschaftlichen Integration daraufhin sozialstaatliche Ziele in die Verfassung aufzunehmen, war ein Schritt über das ursprüngliche Verständnis des Sinns der Verfassung hinaus. Inzwischen entwickeln sich auch die Grundrechte von Abwehrrechten gegenüber staatlicher Einmischung teils zu positiven Normen bürgerlichen Verhaltens, teils zu Anspruchsnormen gegenüber dem Staat. Zur Pressefreiheit z.B. gehört die Verantwortung, von ihr nach bestem Wissen und Gewissen im öffentlichen Interesse Gebrauch zu machen, und mit der Freiheit der Berufswahl verbindet sich in der Demokratie die Erwartung, eine dem Berufswunsch entsprechende Ausbildung empfangen zu können. Aus dieser Entwicklung ergibt sich der Anspruch an die Verfassung, Friedens- und Konsensgrundlage des Gemeinwesens zu sein.

Soll nun das Eigentum in eine Sozial- und Naturordnung eingebettet und von dieser her legitimiert sein, in der die Bürger und der Staat Verantwortung nicht nur für das Gemeinwohl, sondern auch für die natürliche Mitwelt im Ganzen der Natur tragen, so sollte in der Verfassung das Ziel des *Natur-Staats* dem des Sozialstaats an die Seite gestellt werden. Die Verfassung so weiter zu entwickeln, daß sie außer dem gesellschaftlichen Frieden auch dem mit der Natur dient, liegt angesichts der Umweltkrise in der Konsequenz der bisherigen Entwicklung.

Da das Verhältnis des Menschen zur natürlichen Mitwelt und zum Ganzen der Natur in der Verfassungsgeschichte bisher noch kein Thema war, müßte es nun freilich prinzipiell, von Anfang an und in den grundsätzlichen Bestimmungen neu berücksichtigt werden, also nicht nur, wie bisher vorgeschlagen, in den Sozialstaatsabsätzen der Artikel 20 oder 28. Auch für den Sozialstaat bleibt eine entsprechende Einbettung in die Verfassung wohl noch nachzuholen. Es muß deutlich werden, daß durch beide Bestimmungen jeweils eine neue Stufe der Verfassungsentwicklung erreicht wird. Angesichts der Zerstörung der Lebensgrundlagen durch die industriegesellschaftliche Aneignung der natürlichen Mitwelt sollte die Verfassung bereits in der Präambel nicht nur im Bewußtsein unserer »Verantwortung vor Gott und den Menschen«, sondern auch in dem der *Verantwortung für die Natur* dem staatlichen Leben eine Ordnung geben.

## *Menschenwürde*

Anschließend baut das geltende Grundrechtssystem, die Grundlage unserer Verfassung, auf der Menschenwürde auf. Gehört nun, wie in den beiden vorangegangenen Kapiteln begründet, das Mitsein sowohl mit andern Menschen als auch mit der natürlichen Mitwelt zur Bestimmung des Menschen in der Welt, so hat dies Konsequenzen für das künftige Verständnis der Menschenwürde und ihrer Verletzlichkeit. Über das ursprüngliche Verfassungsverständnis hinaus, daß der Staat für den Menschen und nicht der Mensch für den Staat da sein solle, muß schon jetzt eine Verletzung der Menschenwürde eines andern immer auch als die der eigenen angesehen werden. Kein Konsens besteht bisher jedoch darüber, daß es gleichermaßen eine Frage unserer Menschenwürde ist, wie wir mit Tieren und Pflanzen umgehen. Die hier notwendigen Veränderungen könnten meines Erachtens am ehesten damit beginnen, daß die eigene Würde der natürlichen Mitwelt, insbesondere der höheren Tiere, der Erde und der Meere, sowie des Lebens und der Natur insgesamt ausdrücklich anerkannt wird, auch in der Verfassung und in einzelnen Gesetzen. Von der Würde des Meers usw. zu sprechen, klingt zwar in höherem Grad anthropomorph, als die Sprache es notwendigerweise mit sich bringt, aber der Ausdruck Würde ist wohl doch am ehesten geeignet, uns den vergessenen Respekt wieder in Erinnerung zu rufen.

Zur Erläuterung könnten die folgenden Sätze aus den *Wegen zum Frieden mit der Natur* dienen: »Der Mensch ist mit den Tieren und Pflanzen, mit Erde, Wasser, Luft und Feuer aus der Naturgeschichte hervorgegangen. Er vermag die Welt, von der er selbst ein Teil ist, in besonderem Maß zu erkennen und zu verändern. Dabei fällt ihm (im Sinn der Präambel: vor Gott) eine besondere Verantwortung zu, das Interesse des Ganzen der Natur zu wahren. Im Naturzusammenhang des menschlichen Lebens ist auf unsere natürliche Mitwelt (im Sinn der Präambel: als einen Teil der Schöpfung) nicht nur aus menschlichem Interesse, sondern auch um ihrer selbst willen (in ihrem Eigenwert) Rücksicht zu nehmen«.

## *Freiheit der Person*

Das nächste Grundrecht, die freie Entfaltung der Persönlichkeit (Artikel 2 GG), muß in seinem positiven Gehalt ebenfalls neu überdacht werden. Schon unabhängig von der Umweltkrise, jedenfalls aber auch jetzt, gilt dies insbesondere für den Umgang mit Risiken. Zwar sollte, solange dabei nicht gegen das Sittengesetz verstoßen wird, niemand daran gehindert sein, individuelle Risiken einzugehen, deren Folgen er dann gegebenenfalls auch selber trägt, also z. B. Ski zu fahren, Berge zu erklettern, zu segeln, Zigaretten zu rauchen, Schwerter zu verschlucken, sich ungesund zu ernähren usw. Eine andere Frage aber ist es, wieweit dabei der Allgemeinheit Kosten entstehen und Dritte in Gefahr gebracht werden dürfen. Dies geschieht zur Zeit vor allem durch das Autofahren. Die gesellschaftlichen Kosten sind etwa noch einmal so groß wie die privaten, und jeder dritte Verkehrstote ist ein »Dritter«, ein Fußgänger oder Radfahrer; in geschlossenen Ortschaften sind es sogar zwei von dreien. Jahr für Jahr also kommen Tausende von Menschen durch diese Art der freien Entfaltung der Persönlichkeit ihrer Mitbürger zu Tode. Dies ist ein unerträglicher Zustand, und ihn zuzulassen ist meines Erachtens sogar eine grobe Pflichtverletzung des Staats in seiner Schutzaufgabe für den einzelnen (vgl. K.M. Meyer-Abich 1989b). So jedenfalls darf das Recht auf Leben und körperliche Unversehrtheit nicht verstanden werden. Die Nachwelt wird über die kollektive Raserei auf unseren Straßen schwerlich besser denken als wir über die Hexenverbrennungen im Spätmittelalter und in der frühen Neuzeit, nicht nur wegen der größeren Zahl der Verkehrstoten.

Dasselbe gilt für die Zerrüttung der natürlichen Mitwelt. Frei genannt zu werden verdient die Entfaltung der individuellen Persönlichkeit nur in dem ganzheitlichen Verantwortungskreis, der im 3. Kapitel entwickelt worden ist. Zu Lasten der Dritten Welt, der Nachwelt und der natürlichen Mitwelt zu leben, ist eine autonome, aber keine freie Entfaltung der Persönlichkeit und darf auch nicht als solche gerechtfertigt werden.

### *Meinungs- und Wissenschaftsfreiheit*

Entsprechende Konsequenzen, die ich hier nur kurz andeute (vgl. K.M. Meyer-Abich 1988), ergeben sich für das Grundrecht auf Meinungsfreiheit (Artikel 5 GG). Schon längst sind es nicht mehr staatliche Behinderungen, die der Meinungsbildung des mündigen Bürgers entgegenstehen, sondern der Mangel an Bereitschaft, der Meinungsbildungspflicht zu genügen, ohne die es keine demokratische Industriegesellschaft gibt, oder für Meinungs*bildung*sfreiheit (Ueberhorst 1984, 257) zu kämpfen, wo die zur Meinungsbildung erforderlichen Voraussetzungen noch fehlen.

Ich halte es für geboten, nach jahrzehntelanger Bewährung der Demokratie in der Bundesrepublik jetzt endlich partizipativere Elemente in das Grundgesetz bzw. in die künftige deutsche Verfassung aufzunehmen. Dabei denke ich allenfalls sekundär an weitere Mehrheitsentscheidungen durch Volksabstimmungen, sondern vor allem an eine stärkere Beteiligung der Öffentlichkeit an den Beratungsprozessen, welche den Entscheidungen vorangehen. Ein wirklicher Mangel unserer bisherigen Demokratie ist, daß die mit Mehrheit entscheidenden Gremien in der Regel nicht gut genug wissen, worüber sie abstimmen; dem könnte durch eine stärkere Beteiligung der Öffentlichkeit bis hin zu konsultativen Referenden (nach schwedischem Vorbild) abgeholfen werden. Auch den Parteien könnte ein kritischeres politisches Umfeld nur guttun. Dazu kommt es aber erst dann, wenn die bürgerliche Meinungsbildung mehr als bisher zu einer Stufe der staatlichen Willensbildung wird.

Weit entfernt sind wir leider auch davon, die Freiheit der Wissenschaft nicht mehr analog der »freien Fahrt für freie Bürger« zu verstehen. Ein freies Handeln unterscheidet sich von einem unfreien dadurch, daß der Handelnde die Verantwortung nicht einem anderen »Verantwortlichen« zuschieben kann, sondern sie selber trägt. Freiheit bedeutet Selbstverantwortung, auch in Wissenschaft und Technik, nicht aber einen Freiraum ohne Veranwortung. Diese Selbstverantwortung hat der Wissenschaftler vor allem für die jeder wissenschaftlichen Arbeit vorausliegende Entscheidung darüber, was er für wissenswert hält. Die Öffentlichkeit überträgt den Respekt vor den Ergebnissen der Wissenschaft in der Regel auch auf diese selbst, aber beides ist zweierlei. Wenn die Ergebnisse da sind, ist die wissenschaftliche Tätigkeit, die für den Wissenschaftler »die Wissenschaft« ist, sogar jeweils bereits zu Ende gegangen. Welchen Fragen er nachgehen sollte, weiß der Wissenschaftler nicht so wie die Ergebnisse, die dabei herauskommen und die die Öffentlichkeit für »die Wissenschaft« hält. Etwas paradox gesagt: *Die Wissenschaft ist nicht so wissenschaftlich wie ihre Ergebnisse.* Ein historisches Beispiel ist die im vorangegangenen Kapitel beschriebene Vernachlässigung der Natur in den Kulturwissenschaften.

## *Berufsfreiheit*

Das Risikoproblem kehrt schließlich beim Grundrecht der Berufsfreiheit (Artikel 12 GG) wieder. Niemand soll daran gehindert sein, in der beruflichen Tätigkeit, soweit dies die sittliche Ordnung nicht verletzt, persönliche Risiken einzugehen, wenn er den eintretenden Schaden gegebenenfalls selber trägt. Davon kann in unserer industriellen Wirtschaft jedoch im allgemeinen keine Rede sein, sondern viele und vielleicht der größte Teil aller Berufstätigkeiten sind

– unabhängig von Gefährdungen am Arbeitsplatz – mit Risiken für die Allgemeinheit verbunden. Nehmen wir an, es handele sich für den einzelnen in einem bestimmten Fall um das relativ kleine Risiko, durch den betreffenden Wirtschaftsprozeß mit einer Wahrscheinlichkeit von einem Zehnmillionstel pro Jahr zu Tode zu kommen. Dieses Risiko entspricht dem eines zehnminütigen Fliegens in einem Verkehrsflugzeug und beträgt nur ein Tausendstel des allgemeinen Todesrisikos durch den motorisierten Individualverkehr, bedeutet für die BRD aber doch immerhin sechs Todesfälle pro Jahr. Der Staat würde niemals zulassen, sechs namentlich zu benennende Personen um wirtschaftlicher Vorteile einzelner Produzenten oder Konsumenten und sogar der Allgemeinheit willen umzubringen, aber auch statistisch ergeben sich für das angegebene Risiko *mit Sicherheit* durchschnittlich sechs Todesfälle pro Jahr.

Zur Strafe für die Ermordung von Minos' Sohn mußten die Athener alle neun Jahre sieben Mädchen und sieben Knaben als Blutzoll für den Minotaurus nach Kreta schicken, widrigenfalls sie durch Zeus mit Hunger und Pestilenz bestraft worden wären. Vergil berichtet, daß die Knaben und Mädchen durch das Los, also ebenfalls durch eine Wahrscheinlichkeitsauswahl bestimmt wurden. Nun denkt man, die Zeit sei vorbei, in der solche Menschenopfer gebracht wurden. Wodurch aber unterscheidet sich der Blutzoll des Staats Athen von dem unseres Staats durch die industrielle Wirtschaft, abgesehen davon, daß es bei uns nicht einmal um die Abwendung von Hunger und Pestilenz geht, sondern lediglich um die Produktion von Wohlstandsgütern? Gibt es eine Rechtfertigung dafür, in unseren Verhältnissen von Staats wegen zuzulassen, daß einzelne Menschen aus wirtschaftlichen Gründen für die Allgemeinheit geopfert werden? Gesetze handeln ja eigentlich nicht davon, ob Frau A oder Herr Z umgebracht werden dürfen, sondern davon, ob Menschen umgebracht werden dürfen.

Wie die Berufsfreiheit in der industriellen Wirtschaft überdies zu Lasten der Dritten Welt, der Nachwelt und der natürlichen Mitwelt ausgeübt wird, brauche ich hier nicht noch weiter zu erläutern. Die Risikofrage zeigt, daß wir mit der jetzigen Art von Wirtschaft grundsätzlich auf dem falschen Weg sind, d.h. in dem *gesamten* Verantwortungsgefüge der im 3. Kapitel unterschiedenen Stufen.

Die Neubestimmung des Eigentums in der sozialen Krise hat nicht verhindert, daß die Eigentumsanmaßung der unvollendeten Aufklärung unsere Gesellschaft in der Umweltkrise erneut an einen Abgrund der Gefährdung ihrer Existenz geführt hat. Daraus Konsequenzen zu ziehen, wird nun hierzulande durch die Tatsache erschwert, daß das – zumindest vordergründig andere – Eigentumsverständnis der realsozialistischen Länder diese sogar noch schneller an den Abgrund geführt hat als uns das unsere, so daß die westliche Wirtschaft den östlichen Ländern ein Vorbild zu werden droht. In dieser Situation neige ich zu der radikalen Konsequenz: Dem Menschen steht kein Eigentum im bürgerlichen Sinn zu. *Eigentlich gehört uns gar nichts.* Die Welt gehört nicht uns, sondern wir gehören zur Welt, sind hier allzumal nur zur Miete und haben in ihr eine Aufgabe zu erfüllen.

Was mit einer Natur- und Sozialbindung noch Eigentum genannt werden könnte, hat mit dem ursprünglich gemeinten Eigentum bürgerlicher Art wirklich so gut wie nichts mehr zu tun. Unter dem Eigentum in sublimierter Form (teleologisch) alles zu verstehen, was der eigenverantwortlichen Lebensgestaltung – nunmehr im Sinn der acht Verantwortungskreise verstanden – dient, obwohl das Eigentum im Sinn der bürgerlichen Autonomie dazu definitiv nicht gehört, wäre so ähnlich wie die Umbenennung aller öffentlichen Verkehrsmittel in Autos anläßlich der Abschaffung der wirklichen Autos. Hegels Kritik an Platon, die »Idee des platonischen Staats« enthalte »das Unrecht gegen die Person, des Privateigenthums unfähig zu sein« (*Rechtsphilosophie*, § 46), ist durch die Industriegesellschaft widerlegt worden. Ein Privateigentum im Hegelschen Sinn ist tatsächlich nicht unsere Sache.

Gleichwohl geht es hier nicht um Worte, sondern um die Einbindung der industriellen Wirtschaft in einen kulturellen Rahmen. Diese Einbindung ist immerhin insoweit gelungen, daß Eigentumsansprüche im Sinn des 18. Jahrhunderts nicht mehr anerkannt werden und die Sozialpflichtigkeit in unserer Verfassung steht. Eine weitergehende Konkretisierung von Eigentumsansprüchen durch eine zusätzliche Naturpflichtigkeit wäre politisch möglich und läge in der Konsequenz der bisherigen Entwicklung. Dasselbe Ziel dadurch zu erreichen, daß anstelle des Eigentums ausdrücklich z.B. Lehnsverhältnisse eingeführt würden, halte ich demgegenüber politisch für aussichtslos, weil die industriegesellschaftlichen Eigentumsbedürfnisse eng mit Todesverdrängungen zusammenhängen. An sich selber und seinem Eigentum Halt zu finden, ist ein Substitut für den verlorengegangenen Halt in der Religion. *Eigentum ist heute ein Außenwerk gegen den Tod, nicht mehr gegen den Staat.*

Gehen wir also den Weg weiter, der mit der Sozialbindung des Eigentums begonnen hat, so wäre der Artikel 14, Absatz 2 des Grundgesetzes: »Eigentum verpflichtet. Sein Gebrauch soll zugleich dem Wohl der Allgemeinheit dienen«, in einer künftigen deutschen Verfassung um die Naturbindung zu erweitern, daß der Gebrauch des Eigentums zugleich dem Wohl des Ganzen der Natur dienen soll. Welche Gesichtspunkte dafür maßgeblich sein sollten, daß dies geschieht, habe ich im vorangegangenen Kapitel beschrieben. Die Naturbindung selber denke ich mir so gestuft wie die oben entwickelten Verantwortungskreise, d.h.: So wie ich

- nicht nur in meiner Wohnung zu Hause sein möchte, sondern gleichermaßen in dem Haus, in der Straße, im Stadtteil, in der Stadt usw. und
- nicht nur dieses Individuum bin, sondern gleichermaßen der Sohn meiner Eltern, Europäer, Mensch, Lebewesen und ein Teil des Ganzen der Natur,

so gehört auch mein Eigentum nicht nur dem Individuum, das ich bin, sondern in einem weiteren Sinn gleichermaßen denen, deren Mitsein ich mein Dasein schulde: meinen Nächsten, meinem Volk, der Menschheit, den Nachgeborenen, der Gemeinschaft der Lebewesen und dem Ganzen der Natur. Es versteht sich, daß diese Stufen des Eigentums in dem jeweiligen Grad der Allgemeinheit gemeint sind, so daß z.B. das Volkseigentum hier nicht bedeuten soll, mein Eigentum gehöre einzelnen andern Bürgern gleichermaßen, und auch nicht, daß es eigentlich Staatseigentum sei, sondern es ist mein Eigentum, aber ich bin nicht nur ich als dieses Individuum, sondern bin mit allem, was mir gehört, meinen Nächsten, meinem Volk, der Menschheit, der natürlichen Mitwelt und dem Ganzen der Natur verpflichtet.

Im Sinn des abgestuften Konzepts gehört mir z.B. meine Wohnung, wenn ich ihr Eigentümer bin, nicht gänzlich anders, als die Wohnung zum Haus gehört und dieses zur Straße, diese zur Stadt usw. Bisher wird die Einbettung in die Stadt durch allerlei Bauvorschriften reguliert, die als Einschränkungen der privaten Verfügbarkeit empfunden werden, eigentlich aber das Eigentumsverhältnis vom Ganzen her, in dem es besteht, überhaupt erst zu definieren hätten.

Die Stufung erinnert daran, wie in Lehnsverhältnissen ein Stück Land sowohl dem Bauern, dem Ritter, dem Fürsten und dem Kaiser gehörte, jedem auf seine Weise und so, daß es im Regelfall keine konkurrierenden Ansprüche gab.

Es zeigt sich, daß die Naturbindung des Eigentums, wenn sie in der vorgeschlagenen Abstufung verstanden wird, die Sozialbindung umfaßt. Insoweit mein Eigentum auch meinem Volk gehört, hat es der ganzen Gesellschaft in ihrer sozialen Integration, welche das Ziel des Sozialstaats ist, zu dienen, d.h. ich darf der Integrität der Gesellschaft durch den individuellen Umgang mit dem Meinen nicht schaden. Über den Sozialstaat hinaus soll dasselbe im Natur-Staat nun auch für die Integrität des Ganzen der Natur gelten.

## *Der Natur-Staat und die Rechtsgemeinschaft der Natur*

Das Konzept des achtstufigen Eigentums unterscheidet sich von dem der beliebigen Verfügbarkeit der natürlichen Mitwelt als Sache, so wie sie in der heutigen Rechtsordnung besteht, wie der moderne Rechtsstaat von der inneren Ordnung einer Stammesgesellschaft, oder eben wie der Natur-Staat vom bürgerlichen Absolutismus des Kleinen Mannes. Das Bürgerliche Gesetzbuch aber ist im Kern eine Eigentumsordnung und beruht auf der einfachen Vorstellung, daß die Welt aus Sachen besteht und jede Sache einem Individuum bzw. einer Institution gehört oder nicht gehört. Wie könnte die Rechtsordnung jenseits der Verfassung einem so differenzierten Eigentumsverständnis angeglichen werden, wie ich es hier vorschlage? Ich habe hierzu in den *Wegen zum Frieden mit der Natur* dargelegt, daß die Art und Weise, wie der innerstaatliche Frieden im modernen Rechtsstaat gefunden ist, ein zeitgemäßes Vorbild auch für den Frieden mit der Natur und die Entstehung eines entsprechenden Unrechtsbewußtseins sei, so daß Tieren, Pflanzen, Landschaften usw. Rechte zuerkannt werden sollten, natürlich nicht allen dieselben. Ich halte an diesem Vorschlag fest, brauche darauf aber hier nicht weiter einzugehen, weil inzwischen die umfassende Monographie von Jörg Leimbacher (1988) erschienen ist, und möchte es auch nicht, weil mancher sich über der Kritik der rechtspolitischen Umsetzung die Auseinandersetzung mit dem naturphilosophischen Grundgedanken des Eigenwerts der natürlichen Mitwelt, der für mich das Entscheidende ist, erspart hat. Den einschlägigen Einwänden ist Leimbacher in der wünschenswerten Klarheit begegnet, und die Diskussion ist auch sonst weitergegangen, z.B. durch den Gedanken von Sitter (1987), Rechte der natürlichen Mitwelt auf einen »Naturzustand« zu beziehen. Beginnend mit einem Urteil des Hessischen Verwaltungsgerichtshofs ist der Begriff Natürliche Mitwelt mittlerweile überdies in die Rechtsprechung eingegangen (1985).

Noch befremdlicher als die Erweiterung der menschlichen Rechtsgemeinschaft, die bisher noch lange nicht die ganze Menschheit umfaßt, auf die natürliche Mitwelt ist für viele Menschen bereits der Begriff eines Natur-Staats oder des *Staats in der Natur*. Die meisten werden dabei eher an einen Ameisenstaat als an Kants Naturabsicht in der Menschengeschichte und daran denken, daß die Natur in uns politisch, also im engeren Sinn geschichtlich wird. In diesem letzteren Verständnis ist der Begriff freilich gemeint und zwar so, daß der Staat als eine Vereinigung von Menschen unter Rechtsgesetzen in der Natur ebenso allgemein angelegt sein müßte, wie der Mensch zur Welt gehört, also nicht nur als eine Ordnung der gesellschaftlichen Verhältnisse, sondern gleichermaßen ihrer Einbettung in die Natur. Und hier zeigt sich, daß zwischen der anscheinend so befremdlichen Verbindung von Natur und Staat ein blinder Fleck in unserem Bewußtsein liegt, aufgrund dessen wir eine wesentliche Struktur der Umweltkrise nicht wahrnehmen. Ich meine den Umstand, daß die Regeln unseres gesellschaftlichen Verhaltens im Einklang mit den Gesetzen der Natur sein sollten, es aber nicht sind.

Die Befremdlichkeit des Begriffs Natur-Staat zeigt, wie die in der Realität der Umweltkrise aufbrechende Unstimmigkeit in unser Bewußtsein hineinreicht, wie also das Denken dem falschen Handeln entspricht. Die Umweltprobleme der Industriegesellschaft haben sich ja gerade zwischen der Natur- und der Rechtsordnung aufgetan. Das Auseinanderfallen der beiden Ordnungen, das ihnen Raum gibt, *ist* in einem wörtlichen Sinn die Umwelt-Krisis. Durch die Wiederverbindung von Natur und Recht wäre der Natur-Staat eine Ordnung unserer Teilhaftigkeit am Ganzen und in diesem Sinn des Friedens mit der Natur. Was sich darin abzeichnet, ist eine Welt, in der die Natur wiedergefunden und die Freiheit gefunden wird: ein neuer Naturzustand, in dem sich das Denken mit dem Handeln rundet und die Chance sich erfüllt, welche die Natur in uns Menschen hat.

# Literatur

*Adorno, Theodor W.*, Ästhetische Theorie (Gesammelte Schriften VII), Frankfurt a.M. 1970

*Bachelard, Gaston,* Poetik des Raumes, München 1960

*Birnbacher, Dieter,* Verantwortung für zukünftige Generationen, Stuttgart 1988

*Bluntschli, Johann K.*, Allgemeine Staatslehre, 6. Aufl., Stuttgart 1886

*Bonhoeffer, Dietrich,* Ethik. Zusammengestellt und herausgegeben von Eberhard Bethge, München 1963

*Dahlmann, Friedrich Christoph,* Ein Wort über die Verfassung (1815), Hrsg. von C. Varrentrap, Stuttgart 1886

*Darwin, Charles,* Die Abstammung des Menschen (1871), hrsg. und übersetzt von Heinrich Schmidt, 4. Aufl. Stuttgart 1982

*Dawkins, Richard,* Das egoistische Gen, Berlin 1978

*Deutscher Bundestag (Hg.),* Schutz der Erdatmosphäre – Eine internationale Herausforderung. Zwischenbericht der Enquête-Kommission des 11. Deutschen Bundestages »Vorsorge zum Schutz der Erdatmosphäre« (Zur Sache. Themen parlamentarischer Beratung 5/88), Bonn 1988

*Deutscher Bundestag (Hg.),* Schutz der Tropenwälder – Eine internationale Schwerpunktaufgabe. Zweiter Bericht der Enquête-Kommission des 11. Deutschen Bundestages »Vorsorge zum Schutz der Erdatmosphäre«, Bonn 1990

*Diels, Hermann,* Die Fragmente der Vorsokratiker. Griechisch und deutsch von H.D. Sechste, verbesserte Auflage hrsg. von Walther Kranz. Erster Band, Berlin 1951

*Diodorus Siculus,* Bibliotheca Historica. Ed. Fr. Vogel. Vol. I., Stuttgart 1964

*Dürckheim, Graf Karlfried von,* Untersuchungen zum gelebten Raum. Erlebniswirklichkeit und ihr Verständnis. Systematische Untersuchungen II. In: Neue Psychologische Studien. Hrsg. von Felix Krueger. Sechster Band, viertes Heft: Psychologische Optik. München 1932, S. 383–480

*Erdheim, Mario*, Die Psychoanalyse und das Unbewußte in der Kultur. Aufsätze 1980–1987, Frankfurt a.M. 1988

*Evangelische Kirche in Deutschland (EKD),* Schreiben des Bundesbevollmächtigten des Rates am Sitz der Bundesrepublik Deutschland vom 13. Okt. 1987 zur Anhörung des Rechtsausschusses zum Staatsziel »Umweltschutz« am 14. Okt. 1987

*Frankena, W.K.,* Ethics and the Environment. In: Ethics & Problems of the 21st Century. Ed. K.E. Goodpaster/K.M. Sayre. Notre Dame/London 1979, S. 3–20
*Gehlen, Arnold,* Soziologische Aspekte des Eigentumsproblems in der Industrie-Gesellschaft. In: Eigentum und Eigentümer (Veröff. der W. Raymond-Stiftung, Bd. 1), Köln/Opladen 1960, S. 164ff
*Gemeinsame Erklärung:* Gott ist ein Freund des Lebens. Herausforderungen und Aufgaben beim Schutz des Lebens. Gemeinsame Erklärung des Rates der Evangelischen Kirche in Deutschland und der Deutschen Bischofskonferenz ..., Gütersloh 1989
*Gierke, Otto von,* Die soziale Aufgabe des Privatrechts (1889), Frankfurt a.M. 1948
*Goethe, Johann Wolfgang von,* Werke. Hamburger Ausgabe (HA) in 14 Bänden, 8. Aufl., München 1981
*Kloas, J./Kuhfeld, H.,* Verkehrsverhalten im Vergleich. Beiträge zur Strukturforschung des DIW, Heft 96, 1987
*Kükelhaus, Hugo,* Unmenschliche Architektur – Von der Tierfabrik zur Lernanstalt, Köln 1973
*Kükelhaus, Hugo/Lippe, Rudolf zur,* Entfaltung der Sinne – Ein »Erfahrungsfeld« zur Bewegung und Besinnung, Frankfurt a.M. 1982
*Kuhlmann, Hartmut,* Aufnahme der Mitgeschöpflichkeit ins Grundgesetz? In: Juristenzeitung 4/1990, S. 162–175
*Leimbacher, Jörg,* Die Rechte der Natur, Basel/Frankfurt a.M. 1988
*Liedke, Gerhard,* Im Bauch des Fisches. Ökologische Theologie, Stuttgart/Berlin 1979
*Locher, Gottfried Wilh.,* Der Eigentumsbegriff als Problem evangelischer Theologie, Zürich 1954
*Locke, John,* Über die Regierung (The Second Treatise of Government 1690). Hrsg. von P.C. Mayer-Tasch, Reinbek bei Hamburg 1966
*Marquard, Odo,* Über die Unvermeidlichkeit der Geisteswissenschaften. In: Ders.: Apologie des Zufälligen, Stuttgart 1986
*Marx, Karl,* Das Kapital. Dritter Band (Marx-Engels-Werke XXV), Berlin 1973
*Meyer-(Abich), Adolf,* Ideen und Ideale der biologischen Erkenntnis – Beiträge zur Theorie und Geschichte der biologischen Ideologien, Leipzig 1934
*Meyer(-Abich), Adolf,* Krisenepochen und Wendepunkte des biologischen Denkens, Jena 1935
*Meyer-Abich, Adolf,* Zur Logik der Unbestimmtheitsbeziehungen. In: Die Ganzheit in Philosophie und Wissenschaft – Othmar Spann zum 70. Geburtstag. Hrsg. von W. Heinrich. Wien 1950, S. 47–76
*Meyer-Abich, Jann,* Der Schutzzweck der Eigentumsgarantie – Leistung, Freiheit, Gewaltenteilung. Zur teleologischen Auslegung des Art. 14 Abs. 1 GG (Schriften zum Öffentlichen Recht Bd. 384), Berlin 1980

*Meyer-Abich, Klaus Michael,* Wege zum Frieden mit der Natur – Praktische Naturphilosophie für die Umweltpolitik, München 1984

*Meyer-Abich, Klaus Michael,* Wissenschaft für die Zukunft – Holistisches Denken in ökologischer und gesellschaftlicher Verantwortung, München 1988

*Meyer-Abich, Klaus Michael,* Der Holismus im 20. Jahrhundert. In: Klassiker der Naturphilosophie. Von den Vorsokratikern bis zur Kopenhagener Schule. Hrsg. von Gernot Böhme, München 1989 (a), S. 313–329

*Meyer-Abich, Klaus Michael,* Wie sind Risiken in öffentlicher Verantwortung zu rechtfertigen? In: Zeitschrift für Rechtspolitik, 22. Jg., 1989 (b), Heft 10, S. 387–391

*Oviedo, Gonzalo Fernández de,* Historia general y natural de las Indias, Vol. 1, Madrid 1959

*Parry, M.L./Carter, T.R./Konjin, N.T.* (Hrsg.), The impact of climatic variations on agriculture. Vol. I: Assessment in cool, temperate, and cold regions. Vol. II: Assessment in semi-arid regions, Dordrecht/Boston/London 1988 (IIASA-UNEP-Studie)

*Picht, Georg,* Der Begriff der Verantwortung (1967). In: Wahrheit. Vernunft. Verantwortung. Philosophische Studien, Stuttgart 1969, S. 318–342

*Rahner, Karl/Vorgrimler, Herbert,* Kleines Konzilskompendium, Freiburg i.B. 1968

*Sahagún, Bernardino de,* Historia general de las cosas de Nueva Espana. Hrsg. von A.M. Garibay. 5. Aufl., Mexico City 1982

*Saladin, Peter,* Verantwortung als Staatsprinzip. Ein neuer Schlüssel zur Lehre vom modernen Rechtsstaat, Bern/Stuttgart 1984

*Schadewaldt, Wolfgang,* Die Anfänge der Philosophie bei den Griechen. Die Vorsokratiker und ihre Voraussetzungen, Frankfurt a.M. 1978

*Scherhorn, Gerhard u.a.,* Kausalitätsorientierungen und konsumrelevante Einstellungen, Stuttgart-Hohenheim, Dez. 1988

*Schiller, Friedrich von,* Ueber naive und sentimentalische Dichtung. In: Schillers Werke. Nationalausgabe (NA) 20. Band, Weimar 1962

*Schipperges, Heinrich,* Die Medizin im Panorama der letzten hundert Jahre. Der Versuch einer Bilanz. In: mannheimer forum 84/85, Mannheim 1984/85

*Schweitzer, Albert,* Kultur und Ethik (1923). In: Gesammelte Werke in fünf Bänden. Band 2, München 1974

*Sitter, Beat,* Wie läßt sich ökologische Gerechtigkeit denken? In: Zeitschrift für Evangelische Ethik 31, 1987, S. 271–295

*Stahl, Friedrich J.,* Die Philosophie des Rechts. II. Band: Rechts- und Staatslehre auf der Grundlage der christlichen Weltanschauung. 5. Aufl., Tübingen 1878

*Steffani, Winfried,* Edmund Burke: Zur Vereinbarkeit von freiem Mandat und Fraktionsdisziplin. In: Zeitschrift für Parlamentsfragen. Heft 1, 1981, S. 109–122

*Steiger, Heinhard,* Mensch und Umwelt – Zur Frage der Einführung eines Umweltgrundrechts, Berlin 1975

*Strey, Gernot,* Umweltethik und Evolution – Herkunft und Grenzen moralischen Verhaltens gegenüber der Natur, Göttingen 1989

*Ueberhorst, Reinhard,* Normativer Diskurs und technologische Entwicklung – Juristische Fiktionen und Noch-nicht-Beiträge. In: Recht und Technik im Spannungsfeld der Kernenergiekontroverse. Hrsg. von A. Roßnagel. Opladen 1984, S. 244–258

*Uexküll, Jakob von,* Die Umrisse einer kommenden Weltanschauung. In: Die neue Rundschau 18, 1907, S. 641–661

*Uexküll, Jakob von,* Umwelt und Innenwelt der Tiere (1909). 2. Aufl. Berlin 1921

*Uexküll, Jakob von/Kriszat, G.,* Streifzüge durch die Umwelten von Tieren und Menschen. Ein Bilderbuch unsichtbarer Welten (1934), Hamburg 1956

*Uexküll, Jakob von,* Bedeutungslehre (1940), Hamburg 1956

*Vogel, Hans-Jochen,* Eigentumsverfassung – Kontinuität und Wandlung. In: Politik und Kultur 3, 1976, S. 16–30

*Vogel, Hans-Jochen,* Rede auf dem Außerordentlichen SPD-Bundesparteitag vom 14. Juni 1987

*Weizsäcker, Victor von,* Stücke einer medizinischen Anthropologie. Die Schmerzen (1926). In: Gesammelte Schriften 5: Der Arzt und der Kranke. Stücke einer medizinischen Anthropologie. Bearbeitet von P. Achilles. Frankfurt a.M. 1987, S. 27–47

*Wilson, Edward O.,* Biologie als Schicksal. Die soziobiologischen Grundlagen menschlichen Verhaltens. Frankfurt a.M. 1980

*Wolff, Martin/Raiser, Ludwig,* Sachenrecht. 10. Aufl., Tübingen 1957

Soweit Klassiker einheitlich nach den Seitenzahlen bestimmter Editionen zitiert werden, sind die gegenwärtig verfügbaren Textausgaben hier nicht aufgeführt.